Tobias Brocher

Gruppendynamik und Erwachsenenbildung

Zum Problem der Entwicklung
von Konformismus oder Autonomie
in Arbeitsgruppen

Westermann Taschenbuch

Theorie und Praxis der Erwachsenenbildung

Herausgegeben von der
Pädagogischen Arbeitsstelle des Deutschen Volkshochschul-Verbandes

Die Pädagogische Arbeitsstelle des Deutschen Volkshochschul-Verbandes versucht als wissenschaftlicher Dienstleistungsbetrieb zwischen Forschung und Berufspraxis zu vermitteln. Sie stellt den Volkshochschulen und anderen Einrichtungen der Erwachsenenbildung Hilfen für ihre Arbeit zur Verfügung. Sie wird mit Mitteln des Bundesministeriums für Bildung und Wissenschaft institutionell gefördert und gibt folgende Publikationsreihen heraus: Theorie und Praxis der Erwachsenenbildung – Materialien zur Erwachsenenbildung – Bibliographien zur Erwachsenenbildung – Dokumentationen zur Geschichte der Erwachsenenbildung – Berichte, Materialien, Planungshilfen – Forschung, Begleitung, Entwicklung.

Georg Westermann Verlag, Druckerei
und Kartographische Anstalt, Braunschweig 1967
© Deutscher Volkshochschul-Verband e.V. 1967
15. Auflage 1980
Umschlagentwurf: Gisela Heintze
Gesamtherstellung: Lokay, Reinheim 1980

CIP – Kurztitelaufnahme der Deutschen Bibliothek

Brocher, Tobias: Gruppendynamik und Erwachsenenbildung: zum Problem d. Entwicklung von Konformismus oder Autonomie in Arbeitsgruppen / Tobias Brocher. – 15. Aufl. – Braunschweig: Westermann 1980 (Westermann-Taschenbuch; 48) (Theorie und Praxis der Erwachsenenbildung)

ISBN 3 – 14 – 167048 – X

Alexander Mitscherlich

zum

60. Geburtstag

INHALTSVERZEICHNIS

VORWORT ZUR NEUAUFLAGE

Seit dem Erscheinen der ersten Auflage hat sich in der Bundesrepublik eine langsame aber stetige Entwicklung auf dem Gebiet der Gruppendynamik vollzogen. Die Begriffe und Methoden der Gruppendynamik werden auch heute noch in zum Teil recht verwirrender Weise mißverstanden und oft dilettantisch mißbraucht, wenn auch vielleicht in naiv, guter Absicht. Die Konzeption dieser Schrift im Jahre 1966 — damals bewußt auf den Bereich der Erwachsenenbildung begrenzt —, hat in anderen Bereichen ein neues Problembewußtsein mobilisiert. Die „Übersetzung" der vorliegenden Ergebnisse in die Gebiete der jeweils verschiedenen Anwendungen scheint jedoch nicht immer gelungen zu sein. Dabei sind jene Mißverständnisse am bedenklichsten, die genau das Gegenteil des Beabsichtigten, nämlich die technische Vervollkommnung neuer Manipulationsinstrumente anstrebten. Das gleiche Mißverständnis kennzeichnet auch jene Kritiker, die Gruppendynamik für dogmatisch eingeengte Zwecke und säkularisiere Heilslehren umfunktioniert sehen möchten.

Textbücher zur gruppendynamischen Methodik sind in deutscher Sprache in Vorbereitung, ähnlich wie die Übersetzung einschlägiger Standardwerke der internationalen Literatur. Dies könnte die Irrtümer mancher „selbstgestrickten", angeblich neuen Konzepte möglicherweise richtigstellen.

Die Nachfrage zeigt, daß in vielen Bereichen der erzieherischen, helfenden und menschenführenden Berufe unverändertes Sachinteresse an der Methodik der Gruppendynamik als einer Möglichkeit der Einsicht und Verantwortung besteht. Die bewußt pragmatische Einführung scheint dabei eher den tatsächlich bestehenden Informations- und Ausbildungslücken entgegenzukommen, als die in manchen Argumenten vertretene Selbstherrlichkeit doktrinärer Klischees, die, aus Ideologien der zwanziger Jahre entlehnt, die gegenwärtige und zukünftige Realität wenig treffen.

Wie in jedem Wissenschaftsbereich, der neu von der Allgemeinheit erarbeitet wird und dessen Methoden pragmatisch zu verschiedenen Zwecken angewandt werden können, ist auch den Methoden der Gruppendynamik gegenüber kritische Selbstreflexion, vor allem aber eine ausreichende Selbstkontrolle erforderlich. Dies wäre nur mit ausreichenden Ausbildungssystemen und entsprechender fachlich gesicherter Supervision in langsamen Lernprozessen erreichbar. Man kann daher nur mit Bedauern feststellen, daß eine systematische Ausbildung trotz großzügiger, privater Förderungsangebote offiziell bisher nicht erfolgt ist. Offenbar stellen Begriffe wie Institutionsanalyse, Interaktionsforschung, Interaktion institutioneller Gruppen und Sensibilitätstraining eine Art kritische Bedrohung für die Bildungs-Technokratie dar. Auch manche hierarchischen und an pseudodemokratisch-linientreuen Aktionsbeschlüssen sich orientierenden, militanten Subkulturen scheinen in der Prozeßanalyse eine

Gefährdung von ideologischen Programmen zu vermuten, ohne sich wissenschaftlich mit der Methodologie auseinanderzusetzen. So kommt, wie zu erwarten, die leider nur zum Teil sachlich relevante Kritik von zwei Seiten. Während auf der Linken betont wird, daß die Sachzwänge von der Gruppendynamik ebensowenig genügend beachtet würden wie eine ausreichende Prüfung der Herrschaftsverhältnisse, wird auf der Rechten der Untergang des Abendlandes und die Zerstörung gesunder Volkeskraft befürchtet. Beide Positionen spiegeln nur die Tatsache, daß bestimmte Minoritäten nicht bereit sind, sich mit ihren eigenen Vorurteilen sachlich auseinanderzusetzen.

Gerade hier erweist sich gruppendynamische Forschung notwendiger denn je, um empirisch nachzuweisen, welchen Gesetzen solche Aktionstendenzen folgen. Nur dadurch würde Manipulation schneller erkennbar und in geringerem Umfange möglich, weil mehr Entscheidungsfreiheit durch Aufklärung irrationaler Hintergründe sich entwickeln könnte.

Den verborgenen Tendenzen, solche individuelle Entscheidungsfreiheit durch Gruppenzwänge zu behindern, um neue, ideologische Abhängigkeiten herzustellen, wird die Gruppendynamik in der Differenzierung ihrer wissenschaftlichen Methoden entgegenarbeiten müssen. Bislang ist noch kaum begriffen worden, daß zum Beispiel „Sensitivity training", — als Schlagwort und isolierte Methode in der Bundesrepublik verschiedentlich mißverstanden und mißbraucht, — eben gerade nicht dem Konformismus oder den Bedürfnissen des Psychologisierens dient. Vielmehr handelt es sich um oft falsch und isoliert angewandte Teilstücke einer umfassenderen Methodik, die im ganzen den Abbau von Illusionen über Gruppenkohäsion und Ideologien des Gruppenzwanges zugunsten der Realität der Verschiedenheiten, sowohl von Individuen wie Gruppen in Organisationen dienen soll. Erst die in der Selbsterfahrung erlebte Entwicklung bestimmter Gruppenprozesse ermöglicht es, modellhaft an den Interaktionen von Gruppen in größerem Organisationsverband wahrzunehmen, welchen völlig anderen Gesetzen Menschen in Gruppen folgen, wie sie Sachzwänge zum Schutz eigener Abwehrmechanismen künstlich aufbauen und auf welche Weise wenige sich dann diese angeblich eigenständige Sachzwänge zur Etablierung und Befriedigung eigener Herrschafts- und Machtbedürfnisse zunutze machen wollen und können.

Insofern setzt sich die Gruppendynamik zunächst einem ähnlichen Schicksal aus wie die Psychoanalyse vor fünfzig Jahren, weil sie eine analytische, aufdeckende Methode ist, die der Wahrnehmung zuvor Verleugnetes, soweit es gesellschaftliche Relevanz für das Individuum hat, zugänglich macht. Sie konfrontiert mit Einsichten, auf welche Weise Menschen bestimmten historischen Mustern folgen, andere für ihre eigenen Zwecke nutzbar machen wollen und versklaven können. Das wird die Antipathie all jener hervorrufen, die bislang mit der ungefragten Durchsetzung solchen Verhaltens erfolgreich operieren, ebenso aber auch derer, die den überhöhten Anspruch erheben, die Gesellschaft von Grund auf ändern zu wollen, ohne dabei zu einfallsreicheren Ergebnissen zu kommen, als dem Plan einer Art Endlösung: nämlich, sie zunächst von Grund auf zu zerstören, und dies wenn möglich im Namen eines überstrapazierten Marxismus, dessen sich Karl Marx selbst wohl vermutlich gründlich erwehrt hätte. Es blieb dabei fraglich, welche ungeprüften Herrschaftsverhältnisse danach eintreten sollen, wenn nur noch wenige bestimmen, wer ein „echter Marxist" ist und wer nur ein „Revisionist".

Inmitten dieser Auseinandersetzung um neue Formen der Vergesellschaftung erscheint es um so notwendiger, auch neue didaktisch-pragmatische Ansätze zu entwickeln, ohne in den Chor der realitätsflüchtigen, monomanen Ideologiekonstrukteure einzustimmen, bevor man nicht sorgfältig genauer, realistisch-empirisch erforscht hat, was eigentlich in Gruppen vor sich geht und welcher Art ihre Beziehungen zur Gesellschaft und ihren Organisationsformen sind.

Es erscheint zwingend, die Methoden der Gruppendynamik von all den Bemühungen klar abzugrenzen, die entweder in der Art einer neuen „Volksbewegung" oder in modischen Bedürfnissen nach fragwürdiger „Bewußtseinserweiterung" mit zweifelhafter Methodik Menschheitsbeglückung anstreben. Es gibt zur Zeit eine unübersehbare Flut von laienhaften Experimenten, die unter der Bezeichnung Gruppendynamik in Gang gesetzt werden, ohne daß man ihnen mehr als die Qualität eines wilden Agierens von unbewußten Bedürfnissen, sowohl der „Leiter" wie der Teilnehmer zubilligen könnte. Von solcher kritischen Warnung fühlen sich bedauerlicherweise meist diejenigen am wenigsten betroffen, die es am meisten angehen würde.

Dies ist die Konsequenz des Versäumnisses, trotz rechtzeitiger Warnungen nicht für eine fachgerechte, auf beruflich ausreichende Grundlagen gestützte Ausbildung Vorsorge getroffen zu haben. So macht sich Dilettantismus breit und diskreditiert die wissenschaftliche Methodik, ohne die in der übrigen Welt entwickelte Differenzierung und die Mindest-Ausbildungsforderungen wahrzunehmen und zu berücksichtigen.

Es gibt wissenschaftlich ausreichende Beweise für die Wirksamkeit gruppendynamischer Methoden hinsichtlich der Veränderung gesellschaftlicher Prozesse. Die systematische Konfrontation von Pädagogen zum Beispiel, von denen Schwerpunkte des Sozialisationsprozesses beeinflußt werden, kann in kürzester Zeit die gesellschaftliche Realität weitaus stärker verändern als viele Papierresolutionen und Manifeste. Ein einziges Ausbildungsinstitut für gruppendynamische Methoden in der BRD mit etwa 10 bis 12 Fachleuten könnte nicht nur Forschungserträge einbringen, sondern in einem Zeitraum von nur 5 Jahren verfestigte und irrationale Einstellungen von 7 bis 10 000 Erziehern wirksam auf die Dauer verändern. Es ist aus der konstanten Arbeit entsprechender Ausbildungs- und Forschungsinstitute anderer Länder leicht zu errechnen, daß schon mit 3 bis 4 solcher Institute, etwa auf Landesebene in der Bundesrepublik, innerhalb von 3 bis 5 Jahren eine Veränderung der Urteilsbildung, Wahrnehmung, Einstellung und Haltung von rund 50 000 bis 80 000 Menschen in erzieherischen Schlüsselfunktionen erreichbar wäre. Offenbar will man jedoch gerade diese Veränderung aus den verschiedensten Motiven nicht. Vielleicht wird deshalb soviel über ihre dringliche Notwendigkeit geredet, damit weiter mit untauglichen Mitteln probiert werden kann, wie man erfolgreich Veränderungen vermeidet.

Solche größtenteils unbewußten Widerstände gegen geplante Veränderung bestehen in noch größerem Umfang in vielen tradierten Institutionen. Ein 1970 realisiertes Experiment von 3 Monaten innerhalb einer bestehenden Institution mit über 2 000 Fachkräften erwies deutlich, wie konsequent und systematisch einmal begonnene Anstöße durch differenziertere gruppendynamische Methoden zu kreativen Veränderungen der Gesamt-Institutionen führen, die nicht ausschließlich auf Leistungsverbesserung gerichtet, vor allem Kommunikation, Kooperation und gegenseitiges Verstehen von Motiven und Intentionen erleichtern.

Man wird sich in der Bundesrepublik leider solange bescheiden müssen, bis das Problembewußtsein der politisch Verantwortlichen weit genug entwickelt ist, um Notwendigkeiten und Möglichkeiten zu erkennen, zu bejahen und tatkräftig, administrativ zu verwirklichen. Das scheint auch eine Generationsfrage zu sein. Eine Oszillation zwischen rationaler Sachebene und unbewußt affektiv-emotinal gestörter, irrationaler Motivationsebene ist eine Tatsache menschlichen Verhaltens, die sowohl von der Psychoanalyse für das Individuum wie von der Gruppendynamik für das Verhalten von Gruppen nachgewiesen wurde. Die Wahrnehmung dieses, der Abwehr von Einsichten in die Realität dienenden, oszillierenden Wechsels der Ebenen, hat nichts mit der Methodologie der Gruppendynamik zu tun, wie dies von Kritikern aus Unkenntnis gelegentlich angenommen wird. Es handelt sich vielmehr um eine spezifisch menschliche Verhaltensweise in Gruppen, die empirisch auch außerhalb der Laboratoriumsmethode nachweisbar ist.

Gruppendynamische Methoden machen Konfrontation mit sich selbst und anderen konkret erfahrbar und fördern Entscheidungen zu evident werdenden Veränderungsnotwendigkeiten, die sich aus der jeweiligen „Sache" ergeben, nicht aus der Psychologie. Solange einzelne Wissenschaftszweige noch um vermeintliche Vorrechte rivalisieren, ohne ihre Verantwortung für das gemeinsame Ganze zu erkennen, wird man sich darauf beschränken müssen, Anstöße zu einer Entwicklung zu geben, die aufgrund historischer Gegebenheiten unaufhaltsam erscheinen.

Diese zweite Auflage bleibt daher im Text unverändert, obgleich die Nachfrage nach einem Lehrbuch gruppendynamischer Methoden längst akut geworden ist, das die verschiedensten Bereiche und Variationen ihrer Anwendung klar beschreibt und das notwendige Instrumentarium für die praktische Arbeit bereitstellen würde. Es ist ein Vorrecht deutscher Kultur, daß vom Wissenschaftler erwartet wird, solche Arbeiten stets neben seinen übrigen Aufgaben zu bewältigen. Eine vorzügliche Methode zur Verlangsamung von Entwicklungen und Erkenntnisprozessen, die den tradierten Modellen der Platzhaltung um jeden Preis dient.

Die Bedenken jener Kritiker, die sich um einen Mangel an Vermittlung gesellschaftlicher Realitäten sorgen, vermag ich nicht zu teilen. Max Birnbaum hat darauf hingewiesen, daß es einen „para-therapeutischen" Effekt gruppendynamischer Methoden gibt. Diese Nebenwirkung sollte nicht mit den Zielsetzungen verwechselt werden. Hierzu ist die klare Unterscheidung von Gruppenpsychotherapie und Gruppendynamik erforderlich. Beide haben völlig verschiedene Zielsetzungen und Indikationen. M. Balint hat vor Jahren schon nach seiner erfolgreichen Arbeit mit Ärztegruppen zur Überwindung berufsspezifischer Widerstände darauf hingewiesen, daß j e d e Gruppe die latente Tendenz hat, sich selbst „therapeutische" Ziele zu setzen. Im Zusammenhang mit gruppendynamischer Prozeßanalyse handelt es sich dabei um Lernwiderstände. Soziales soll individualisiert und personalisiert werden, um die Konfrontation mit Gruppenzwängen und gesellschaftlichen Strukturen zu vermeiden. Die Laboratoriumstechnik, mit ausreichender Sachkunde angewandt, ermöglicht jedoch gerade das Studium von Interaktionen, die zunächst blind solchen systemimmanenten Zwängen folgen. Erst durch diese neue Wahrnehmung wird „Gesellschaft" bewußtseinsfähig. Es gibt bisher keine brauchbare deutsche Übersetzung für den Begriff „Human Relations Training". (Das ist nicht nur ein semantisches Problem.) Prozeßanalyse, Interaktionsstudium, Beobachtung der Organisationsformen und Analyse der Institutionalisierungen in der Laboratoriumsmethode führen jedoch dichter zu dem abstrakten Begriff „Gesellschaft" oder Emanzipation als manche Schreibtischtheorie, weil die Laboratoriumsmethode kein Ausweichen ermöglicht. Vielmehr werden gesellschaftliche Wirklichkeit, die Derivate tradierter Gesinnungen, die Tendenz zur Manipulation von Macht- und Herrschaftsverhältnissen im Modell des Laboratoriums erst erkennbar. Die Phänomene sind nicht irgendwo, bei anderen, auf die sie projiziert werden können, sondern sie zeigen sich hier und jetzt im Verhalten der Beteiligten, deren Motive im gesellschaftlichen Zusammenhang „begreifbar" werden.

Das setzt Lernbereitschaft voraus, d. h. es gibt keine „Programme", die gelehrt werden könnten. Vielmehr bedürfen die auftretenden Phänomene selbst stets neuer Reflexion. Dieser Ansatz ist in sich ideologiefeindlich, — er ist galileisch, nicht aristotelisch, — aber auf das Prinzip ständigen Lernens durch Erfahrung gerichtet. Die Notwendigkeit lebenslangen Lernens zeichnet sich jedoch schon heute als Ergebnis des technotronischen Zeitalters ab, das die ideologischen Zwänge puritanischer, industrieller Disziplin ablösen wird.

Von dieser längst im Gang befindlichen Entwicklung aus erscheinen die sich zunehmend mehr ausdifferenzierenden Methoden der Gruppendynamik lediglich als ein Übergangsschritt zur Überwindung jener, immer erneut in ideologischen Absolutismen aller Schattierungen allein selig machende Ansprüche erhebenden Unmenschlichkeit, die stets in Unheil und Unglück endete. Man sollte diesen konsequenten Kampf um mehr Menschlichkeit nicht idealisieren, weil er primär zunächst nur die Wahrnehmung und Anerkennung der unabweisbar realen Verschiedenheit der Menschen und ihrer Motive anstrebt. Wenn dieser Wille zu einem ersten Schritt auf einem langen Weg der Entwicklung eines umfassenderen Problembewußtseins sich in der Nachfrage nach einer ohne Zweifel der Vervollständigung bedürftigen Handanweisung für erste Versuche und Reflexionen über dynamische Gruppenprozesse bestätigt, so kann man mit dieser zweiten Auflage nur den Wunsch nach umfassenderer und fortschreitender Erkenntnis und Forschung verbinden, die in der Zukunft von vielen zu leisten sein wird. Es ist kein Zufall, daß in den romanischen Ländern der Begriff „Psychosociologie" den im Deutschen tradierten Begriff der Sozialpsychologie abgelöst hat, um dadurch einen neuen, völlig anderen Zugang zu kennzeichnen, der auch manche traditionellen Denksätze der Soziologie zu überwinden versucht.

Wenn eine kleine Schrift, beschränkt auf den Bereich der Erwachsenenbildung, innerhalb weniger Jahre soviel Ärgernis und Verdammung auf der einen und sachliches Interesse auf der anderen Seite auszulösen vermag, so scheint dies darauf hinzuweisen, daß die Psychosoziologie, zu deren Gebiet die Methoden der Gruppendynamik zu rechnen sind, ein bislang übersehenes, wissenschaftliches Feld zu entdecken beginnt. Ihre Entwicklung wird der Bedeutung tradierter Wissenschaftszweige keinen Abbruch tun, aber vielleicht an einigen Stellen zum Umdenken anregen können.

Mein besonderer Dank gilt den Kollegen der University of Pittsburgh, Pennsylvania und der Menninger Foundation, Topeka, Kansas, die mir während der zweijährigen Gastprofessur, Maurice Falk Professor, University of Pittsburgh, Pa., Sloan Professor, The Menninger Foundation, Kansas, zahlreiche neue Experimente und Erfahrungen innerhalb bestehender Organisationen und damit den Zugang zum amerikanischen Publizitätsbereich ermöglichten. Die Ergebnisse dieser Arbeit hoffe ich in absehbarer Zeit zur Diskussion stellen zu können.

Frankfurt/Main, im Januar 1971

Tobias Brocher

VORWORT

„Die Aufgaben der Erwachsenenbildung ergeben sich aus unseren gegenwärtigen und künftigen Lebensbedingungen. Diese beanspruchen in immer stärkerem Maße unsere rationalen Gestaltungskräfte, die aber nur zur vollen Entfaltung gelangen, wenn auch den emotionalen Bedürfnissen Geltung verschafft wird. Erwachsenenbildung steht damit unter dem doppelten Anspruch des Sachgerechten und des Dialogischen." So heißt es in der Schrift „Stellung und Aufgaben der Volkshochschulen" aus dem Jahre 1966. Schon im Rahmen des Dritten Deutschen Volkshochschul-Tages 1961 hat Alexander Mitscherlich darauf verwiesen, wie wichtig es unter unseren Lebensbedingungen ist, „eine innere Toleranz für den Umgang mit den Konflikten zu entwickeln". Affektbildung als ein Beitrag zur Sozialbildung ist seit diesen Tagen ein Diskussionsthema, wenn es um die Aufgabenbestimmung der Erwachsenenbildung geht. Dabei erscheint Affektbildung unter drei Gesichtspunkten bedeutsam: als Teilaufgabe der Erwachsenenbildung, als Voraussetzung für ihre Leistungsfähigkeit und als eine Möglichkeit, den Kooperationsanforderungen in einer Konkurrenzgesellschaft gerecht zu werden.

Wir wissen heute, welche Rolle die emotionalen Beziehungen innerhalb einer Lerngruppe für den Lernerfolg spielen. Die Form der sozialen Kontakte kann sich lernfördernd oder lernhemmend auswirken. Die Verhaltensweise des Lehrenden bzw. des Kursleiters und deren Arbeitsstil wirkt sich auf die Art des Lernens aus und diese wirkt wiederum auf den Lehrenden zurück. Dabei spielen sich die Interaktionen, weil sie den Konventionen widersprechen, die für das Verhalten von Lernenden und Lehrenden zueinander gelten, weitgehend unbewußt ab. So sind wir oft verwundert, wenn bei Kursen oder Arbeitskreisen der Erwachsenenbildung viel oder wenig „herauskommt"; wir sind im unklaren darüber, worin die mehr oder weniger hohe Lernleistung begründet ist. Denn die gruppendynamischen Prozesse sind in Deutschland noch nicht Ausbildungsthema für Lehrer an Schulen und Mitarbeiter in der Erwachsenenbildung, ihre Fähigkeiten zur Selbstwahrnehmung sind dementsprechend wenig ausgeprägt.

Darin einen Mangel zu sehen, der vor allem die Erwachsenenbildung eine ihrer größten Chancen beraubt, hat Alexander Mitscherlich seinerzeit in seinem Referat über die „Revision der Vorurteile als Bildungsziel" überzeugend dargestellt. So wurde es zum Anlaß, gruppendynamische Seminare für Mitarbeiter der Volkshochschulen einzurichten, denn die unmittelbare Erfahrung der Lernprozesse ist fast unentbehrlich, um das Zwingende und Durchgreifende dieser Prozesse einzusehen und vor allem um Konsequenzen für das eigene Verhalten daraus zu ziehen. Bei den derzeit geringen Zahlen ausgebildeter Trainer sind gruppendynamische Seminare aber nur in sehr begrenztem Umfang realisierbar. So hat sich die Pädagogische Arbeitsstelle des Deutschen Volkshochschul-Verbandes im Einvernehmen mit dem Autor dieses Buches dazu entschlossen, in einer schriftlichen Darstellung auf die gruppendynamischen Phänomene aufmerksam zu machen, mit denen man in der Erwachsenenbildung rechnen muß, und diese zu erkennen und zu nutzen, Erwachsenenbildung ertragreicher machen kann. Ein solches Buch kann als eine Vorbereitung für den bald zu erwartenden Zeitpunkt gelten, an dem auch in der Bundesrepublik mehr Mitarbeiter zur Verfügung stehen, die gruppendynamische Seminare leiten können.

Unsere Veröffentlichung erscheint auch angebracht, weil die Erwachsenenbildung aufgrund ihrer derzeitigen Tendenz zur Versachlichung sehr häufig dem Vorwurf der „Verschulung" unterliegt und weil sie im Eifer des Zielstrebens tatsächlich dahin kommen könnte, die Notwendigkeit teilnehmerorientierten Verfahrens außer acht zu lassen. Was aber teilnehmerorientiert nicht nur in Aussprachekreisen, sondern auch in Unterrichtskursen heißt, das können die in diesem Buch niedergelegten Beobachtungen und Überlegungen erkennen lassen. Es bedeutet, sich bewußt zu machen, was unter den Teilnehmern und in ihrem Verhältnis zum Kursleiter vor sich geht, welche weitgehend unbewußten Regungen sich geltend machen, wenn im weitesten Sinne des Wortes „gelernt" werden soll. Es kommt dem Lernprozeß zugute, wenn der Mitarbeiter in der Erwachsenenbildung sich selbst, seine Reaktionsweise und die Wirkung, die er hervorruft, wahrzunehmen und in seinem Verhalten zu berücksichtigen vermag. Das heißt, es wird dem Lernprozeß dienen, wenn sich der Kursleiter an die Einsicht hält, daß „die affektive Kommunikation" das Sichverstehen auch auf der rein intellektuellen Ebene unterstützt (*Zulliger*). Eine solche Einsicht wird umso eher akzeptiert, je sinnfälliger ihr Inhalt erlebt worden ist. Deshalb beschränkt sich das vorliegende Buch nicht darauf, etwas „über" Gruppenprozesse auszusagen, sondern es bietet zugleich in seinem letzten Teil Beispiele dafür, wie diese Prozesse durch Übungsmodelle als Erfahrung vermittelt werden, wie sie in der Praxis sichtbar gemacht werden können.

Es werden hier also Probleme angesprochen, die überall da bedeutsam sind, wo Wissensvermittlung und Kommunikation vollzogen wird. Für die Erwachsenenbildung spielen sie insofern eine besondere Rolle, als ihre Mitarbeiter sich nicht auf eine Amtsautorität stützen können, sondern als Sachwalter aus der Situation heraus eine funktionale Autorität gewinnen müssen. Diese Situation muß ihnen aber bewußt sein, und sie müssen ihre eigenen Affekte kontrollieren können, um nicht blind für die Affekte anderer und damit auf die Gehorsamsanerkennung angewiesen zu sein. Oder mit Mitscherlich formuliert: Der Mitarbeiter in der Erwachsenenbildung sollte sich davor hüten, das „Nichtwissen um den Anderen durch Projektion zu ergänzen". Nur dann wird er die ihm gewöhnlich zugespielte Autorität soweit zurücknehmen können, daß er Bildung im Sinne einer „Suchbewegung" freigibt. Dies aber zu tun, erscheint unabdingbar, weil sonst Bildung in „selbstgewisses Wissen umschlägt" und „alles dogmatisch Gewisse ist das Ende der Bildung".

Damit aber kann Erwachsenenbildung auf das „Leben in Unsicherheit" vorbereiten, das wir auszuhalten haben. Und so bezieht sich der Aussagewert dieses Buches nicht allein auf den Bereich des intentionalen Lernens, sondern auf unsere gesellschaftliche Situation insgesamt, für deren Verständnis und für deren

Bewältigung die Einsicht in gruppendynamische Prozesse hilfreich ist. Denn allerorten wird von uns heute Kooperation verlangt, und genauso allerorten bereitet sie Schwierigkeiten, weil es uns schwer fällt, unsere Antriebskräfte so zu kultivieren, daß sie in einem Miteinander produktiv werden. Deshalb kann es für die Tätigkeit sowohl im Beruf als auch in der Freizeitbetätigung, etwa im Vereins- und Verbandsleben, vorteilhaft sein, innerlich nachzuvollziehen, was auf den folgenden Seiten dargestellt wird. Es kann zu einem Rollenbewußtsein führen, das sich nicht in Prestige-Ansprüchen verkrampft. Es kann erleichtern, mit den eigenen Rollenkonflikten fertig zu werden, weil man sich selbst eher wie die anderen sieht, und ebenso kann es die Angst vor dem Neuen und Fremden nehmen. Es kann zur Unbefangenheit des Gebens und Nehmens beitragen, weil es offener macht, gelassener, dem Verhalten des anderen zugewandter. So kann es eine Verstehenshilfe sein, ohne daß dabei Konflikte ignoriert würden. Eine unbefangene, das heißt eine nicht auf Ansehen und Geltung bedachte Kommunikation ist nicht allein für Lerngruppen, sondern für jede Form des Miteinanderlebens vorteilhaft, insbesondere in Fällen, in denen eine bestimmte Gruppe für längere Zeit zusammenarbeiten muß, wie z. B. im Beruf, bei der Bundeswehr etc. So ist es nicht zufällig, daß im Ausland die Wirtschaft die Bedeutung der Gruppendynamik erkannt hat und für eine menschenwürdige Produktivität zu nutzen versucht.

In einer Umwelt, die immer abstrakter, in der die Rivalitätskämpfe aber nicht geringer werden, bietet es eine Entlastung, sich gruppendynamischer Vorgänge bewußt werden zu können und die Fähigkeit der Selbst- und Gruppenwahrnehmung zu entwickeln, so daß die unvermeidlichen Konflikte nicht zu unaufhebbaren Schädigungen führen. Allzusehr ist unser Zusammenleben und seine Produktivität mit der Neigung belastet, Meinungskonfrontationen auszuweichen. Dennoch oder gerade deshalb ist das Beleidigt- und Gekränktsein ein erschreckend häufiger Störungsfaktor des zwischenmenschlichen Verkehrs. Aufgabe und Chance der Affektbildung ist es demgegenüber, eine Einstellung selbstverständlich zu machen, die die Selbstliebe so zu kanalisieren versteht, daß dieses Miteinanderleben weniger aufreibend wird. Schließlich erleichtert das Bewußtsein von den hier dargestellten Phänomenen, der Dialektik humanen Daseins gerecht zu werden, die Mitscherlich beschrieben hat: „Erst im Verzicht wird der Mensch kulturfähig. Wo dieser Verzicht zur Schwächung der Kritik schlechthin führt, schlägt die Funktion in ihr Gegenteil um, der Mensch als Sozialautomat verliert die Chance zur Suchfreiheit."

Richten wir den Blick aber nicht nur auf die Gegenwart, sondern in die Zukunft, dann hält das in diesem Band Dargestellte den Charakter einer Einführung in einen Aufgabenbereich, der für jede Lehrerbildung grundlegend werden wird. Der Lehrer der Zukunft wird nicht in erster Linie Informator, sondern Informationskritiker, Moderator, Kommunikator sein. Auf eine solche Funktion sind weder Lehrer noch Mitarbeiter in der Erwachsenenbildung vorbereitet. Welche Probleme daraus erwachsen, zeigt sich schon heute bei Fernsehkreisen, bei Begleitseminaren zum Bildungsfernsehen, im Kombi-Unterricht usw. Wenn wir uns klar darüber sind, daß der Lehrende in seiner Informationsleistung einen beträchtlichen Teil seines Aggressionsbedürfnisses sublimiert, dann wird deutlich, wie weitgehend wir umlernen müssen, dann läßt sich ermessen, wie grundlegend die Revision der Ausbildung von pädagogisch oder andragogisch Tätigen sein muß. Es stellt sich nämlich die Frage, wie sie dazu gebracht werden können, das Informationsangebot ernst zu nehmen, sich selbst zurückzuhalten, auf die Gruppenleistung zu warten und als Verstehenshelfer wirksam zu werden. Dafür wird das Erfahren der Gruppendynamik unabdingbar sein. Insofern hoffen wir, eine Einführung in einen Erlebnis- und Problembereich geben zu können, dessen Bedeutung mit dieser Veröffentlichung und mit der Weiterentwicklung unseres Bildungswesens insoweit erkannt wird, daß sich die Chancen vergrößern, nicht nur darüber lesen, sondern davon etwas erfahren zu können.

Dr. Hans Tietgens
Leiter der Pädagogischen Arbeitsstelle
des Deutschen Volkshochschul-Verbandes

EINLEITUNG

In den Bemühungen der Erwachsenenbildung ist durch viele Jahre hindurch deutlich geworden, daß die Art der Schulerziehung und der Persönlichkeitsentwicklung im Elternhaus aus mancherlei Gründen nicht zu einem befriedigenden Ergebnis führt. Sicher ist es nicht nur der Wunsch nach dem Erwerb neuen Wissens allein, der die Nachfrage nach der Erwachsenenbildung verstärkt, sondern es sind gerade jene Probleme der Persönlichkeitsbildung und Erweiterung des Weltverständnisses, die durch alle zuvor bestehenden Bildungseinrichtungen nicht erreicht werden konnten. Dabei lassen sich Lernprozesse beobachten, die charakteristische Merkmale aufzuweisen haben. Im Gegensatz zum Kind ist der Erwachsene in der Lage, über die Erlebnisse und Erfahrungen, die er beim Lernen beobachtet, kritisch zu berichten. Zum Verständnis der Gruppendynamik in der Erwachsenenbildung scheint es daher ratsam, zunächst von drei Beobachtungen auszugehen:

1. Jeder Mensch wächst in einer primären Gruppe auf. Dies wird im allgemeinen das Elternhaus sein, in seltenen Fällen die wechselnde Gemeinschaft eines Heimes und der dort wesentlichen Beziehungspersonen. Die Lernfähigkeit des einzelnen wird entscheidend innerhalb seiner ersten sechs Lebensjahre geprägt. Es kommt zu Vorgängen, bei denen das Kind nicht nur Verhalten, Gebaren und Sprache des Erwachsenen nachahmt, um mit den Gegenständen der Umwelt umgehen zu lernen, sondern auch in der Reaktion auf die Verhaltensweise des Erwachsenen bestimmte Einstellungen übernimmt oder verwirft. Wir nennen diesen Vorgang psychologisch Identifizierung. Dies besagt, daß sich jedes Kind mit den Hauptbeziehungspersonen seiner Umgebung — im allgemeinen die Eltern — auf bestimmte Weise identifiziert. Dabei erweist sich, daß

Lernprozesse wesentlich mit Identifizierungsvorgängen verbunden sind, die weitgehend unbewußt bleiben. Dies setzt sich dann später in der Schule noch lange Zeit fort, wie etwa die Lernfähigkeit bei intensiv positiver Beziehung zu einem Lehrer und der Lernwiderstand bei einer negativen Beziehung deutlich erweisen. Wir finden also bei jedem Erwachsenen auf der unbewußten Ebene verschiedene Arten einer Vorstruktur, die durch alle vorausgegangenen Erfahrungen in Elternhaus und Schule gebildet wurden. Genauere Beobachtungen zeigen dabei, daß eine Erziehung, die nicht auf die tatsächlichen Entwicklungsstufen und Lernweisen des Kindes eingestellt ist, später beim Erwachsenen Widerstände und affektive Vorurteile gegen den Lernprozeß hervorruft. So sehr die theoretische Annahme, jeder Erwachsene sei in der Lage, sachbezogen zu lernen, den Lehrenden auch beruhigen mag, bei nüchterner Beobachtung wird er feststellen, daß sehr häufig die persönlichen Zuneigungsgefühle des Lernenden diesem den Lernprozeß erleichtern. Sonst hätte wohl die Ermutigung und Bestätigung, vor allem aber das Lob über vorläufig erreichte Lernstufen nicht eine so große Bedeutung für jede Form des Unterrichts.

2. Versucht man, den Erwachsenen wie einen Schüler mit den bisherigen Methoden des Unterrichtes bei Kindern und Jugendlichen einfach zu „unterweisen", so hat dies häufig zur Folge, daß ein großer Teil der lernbereiten Erwachsenen sich enttäuscht abwendet, weil er fürchtet, in die Situation des unwissenden Kindes zurückversetzt zu werden.

3. In vielen Berufen hat sich bei der Fortbildung Erwachsener erwiesen, daß irrationale und emotional begründete Faktoren wesentliche Lernhindernisse darstellen können. Auch der Lernvorgang des Erwachsenen findet gleichsam auf zwei verschiedenen Ebenen statt. Einerseits besteht eine vollentwickelte, erwachsene Persönlichkeit, die in gewisser Weise frei über ihre Verstandesfähigkeiten, Wahrnehmungsmöglichkeiten und Gedächtnisleistungen verfügt. Es wäre jedoch irrig, anzunehmen, daß mit dieser Leistung alle begleitenden Gefühlsvorgänge aus-

geschaltet wären. Vielmehr kommt es zu intensiven Gefühls-
erlebnissen, die sich dann auf bestimmte Weise verstärken,
wenn die Aneignung des jeweiligen Lernstoffes oder einer bestimmten Fertigkeit größere Schwierigkeiten bereitet, als erwartet worden ist. Mit diesem Vorgang sehr eng verbunden
ist die Tatsache, daß es durchaus möglich ist, formal sich bestimmte Wissensinhalte anzueignen, die jedoch mit der übrigen
Persönlichkeit und den tatsächlichen Lebenszusammenhängen
ohne jede Verbindung bleiben. Auf diesen hier nur angedeuteten Beobachtungen gründet ein wesentlicher Teil der Forschung,
die zu neuen Arbeitsmethoden geführt hat.

Wir finden also in jedem Individuum eine psychosoziale Vorstruktur. Damit ist jene Summe aller bisherigen persönlichen
Erfahrungen gemeint, in denen bestimmte Erlebnisse verschiedenster Art mit den ursprünglichen Beziehungspersonen verankert
sind. Jedes Kind erwirbt sein Identitätsbewußtsein, d. h. die
innere Antwort auf seine Frage: „Wer bin ich?" — aus den Be-
stätigungen und Ablehnungen seiner Umgebung.

So wird auch das Neugierverhalten des einzelnen weitgehend von
jenen Ge- und Verboten mitbestimmt, die in der Kindheit und
Jugend Grenzen setzten. Das Verhalten ihnen gegenüber ist verschieden. Beim einen kommt es zu einem extremen Neugierverhalten gerade durch Verbote, die beim anderen dazu führen, daß
bestimmte Wahrnehmungen lange Zeit hindurch ausgeklammert
werden. So ist der Zugang zu jeder Lernbereitschaft zunächst
von der Berücksichtigung der psychosozialen Vorstrukturen abhängig. Es wird kein Lehrstoff aufgenommen oder verarbeitet
werden können, für den nicht — aus welchen Gründen immer —
eine spezifische Neugierbereitschaft besteht. Dies wird innerhalb
der Erwachsenenbildung im allgemeinen deshalb weitgehend der
Fall sein, weil die Suche nach neuen Inhalten freiwillig erfolgt.
Man darf jedoch dabei nicht übersehen, daß es sich um einen
Suchvorgang handelt, bei dem sehr häufig unbestimmte Vorstellungen bestehen. Oft weiß der einzelne nicht wirklich, was er
in seinen Bemühungen um Fortbildung und Weiterbildung tat-

sächlich sucht, so sehr dies bewußtseinsnahe durch die Themenwahl bestimmt zu sein scheint. Gelingt es aber, die Bedingungen der psychosozialen Vorstruktur genauer kennenzulernen, dann wird in jeder Lerngruppe deutlich, daß sehr verschiedene Motive den einzelnen zur Wahl des jeweiligen Stoffes bewegt haben.

Wenn die Erwachsenenbildung in der industrialisierten Gesellschaft den Mangel an personalen Bezügen und die dadurch verursachte Labilität der Objektbeziehungen und damit der Identität beheben will, — und dies scheint eine der Grundbedingungen des Lernens im Sinne von Verhaltensänderungen zu sein —, so wird sie sich neuer und andersartiger Methoden bedienen müssen. Darin ist auch eine politische Frage zu sehen, denn Gesinnung und Moral werden genau in dem Maße auswechselbar und spaltungsfähig, wie die Möglichkeiten der Objektbeziehung verkümmern. Die weitgehende Anonymität technischer Gesellschaften, die leichte Auswechselbarkeit des einzelnen in seiner jeweiligen Funktion vermehren die Ängste und Anklammerungstendenzen, ohne daß die tradierten Institutionen wirklichen Halt und Schutz bieten könnten.

Die individualistische Epoche hat die Bedeutung des Individuums gewiß überschätzt und die Wirkungen der Gesellschaft vernachlässigt, so daß Automatismen und triebbedingte Reaktionen großer Gruppen das Verhalten einer „bewußtlosen Gesellschaft" prägen. Erst die Strukturierung dieser großen, amorphen Gruppen zu erkennbaren Gruppengestalten, deren Kohäsion nicht auf kollektivem Druck beruht, in dem sich Abwehrmechanismen auswirken, wird ein neues Problembewußtsein für die Bindung der jeweiligen Rollenfunktionen an eine Moral und Gesinnung erwecken können, das die individuelle Identität bestärkt und entfaltet, statt sie zu zerstören oder durch Repression in Konflikte mit dem Kollektiv zu bringen. Das Problem der wachsenden Ich-Schwäche, verursacht durch die Art der Erziehung, ist von politischer Bedeutung, weil das schwache Ich keine andere Wahl hat, als sich an mächtige Institutionen anzulehnen, damit aber seinen individuellen Behauptungsanspruch aufzugeben. Dies ist die Bahnung des Konformismus. Das intellektuelle Angebot allein, im

15

Sinne der klassischen Aufklärung, scheint keine Ich-Stärkung zu erreichen, so lange die affektiven Prozesse vernachlässigt werden, von denen letztlich die Verwendung erworbenen Wissens und die soziale Verantwortlichkeit seiner Anwendung abhängen.

Gewiß wird man an die Gruppendynamik keine messianischen Bekehrungshoffnungen knüpfen dürfen. Die Gefahr des Mißbrauchs liegt nahe, wenn ohne Reflexion etwa nur „Techniken" angewandt werden sollten. Sie unterscheiden sich dann nicht von anderen Tendenzen zur Manipulation, wie sie in einer hochindustrialisierten Gesellschaft üblich sind. Das Gegenteil aber ist das Ziel: Die Selbstwahrnehmung eigener Wirkungen in den Sozialbeziehungen und die Sensibilisierung der Fremdwahrnehmung für die zuvor verleugneten oder verdrängten Möglichkeiten neuer Beziehungnahme. Nicht geplante Verhaltensänderung aufgrund theoretischer Ideale strebt die Gruppendynamik an, sondern ihre Methode richtet sich auf die Selbstwahrnehmung und eröffnet ihr neue Möglichkeiten. So ergeben sich drei Bereiche der Anwendung innerhalb der Erwachsenenbildung:

Selbsterfahrungsgruppen,

Lerngruppen,

Arbeitsgruppen.

Der methodische Ansatz ist in allen drei Gruppen gleich. Nur das Ausmaß der Anwendung ist verschieden. In der Selbsterfahrungsgruppe ist die Gruppendynamik die einzige Methode, mit der eine Wahrnehmungsschärfung erreicht werden kann, die eine Bewußtseinsveränderung zur Folge hat. Dazu bedarf es allerdings ausreichender fachlicher Vorkenntnisse, um die Methode in diesem Umfang anzuwenden. In der Lerngruppe wird man das Verfahren verwenden können, um die Ursachen von Lernwiderständen rechtzeitig zu erkennen und um Entlastung von Spannungen zu geben, die den Lernprozeß auf die Dauer ernstlich behindern würden. In der Arbeitsgruppe schließlich wird man vor allem dann bestimmte Übungen einschalten können, wenn der Mangel an Selbstwahrnehmung und verborgene, affektive Spannungen der Gruppenmitglieder das Fortschreiten des Arbeitsprozesses allzusehr hemmen. Bei allen Arbeitsformen der Erwachsenenbildung jedoch wird der Lehrende seine eigene Reflexionsfähigkeit mit dieser Methode so weit entwickeln müssen, daß er die zweite, unbewußte Ebene des affektiven Geschehens wahrnehmen kann, um die Lern- und Arbeitsprozesse im Interesse der zu ihm Gekommenen zu erleichtern. Die Unreflektiertheit einer ausschließlichen „Sachorientierung" verleugnet letztlich jene mitmenschlichen Beziehungen, die ein Derivat tief verwurzelter, früher Erlebnisweisen in der Primärgruppe sind, deren letzte Spuren und Folgewirkungen kein Mensch in sich selbst zu tilgen vermag. So kann Lernen und Wissensvermittlung menschlicher werden, als die oft noch erkennbare Peinigung des Lernwilligen durch die aggressive Omnipotenzphantasie eines naiv, unreflektiert Lehrenden. So mögen die nachfolgenden Gedanken der Anregung dienen, auf welche Weise in der Kooperation von Erwachsenen der freiwillige Entschluß, mehr über das Miteinanderleben zu lernen, konkretere Formen annehmen kann. Wie immer terminologische Mißverständnisse auch interpretiert werden mögen, dieses Miteinanderleben umfaßt auch die gesellschaftliche Realität in der Auseinandersetzung mit Sachzwängen wie mit Macht- und Herrschaftsverhältnissen oder den Problemen der Verselbständigung von Institutionen. Allerdings in einem anderen als dem tradierten Ansatz, der nur in der Bundesrepublik noch nicht wissenschaftlich als Psychosoziologie gekennzeichnet ist und daher irrtümlicherweise noch mit Soziologie, Psychoanalyse oder Sozialpsychologie verwechselt wird.

ZUM PROBLEM DER ENTWICKLUNG VON KONFORMISMUS ODER AUTONOMIE IN ARBEITSGRUPPEN

Wir wissen heute, daß die Lernfähigkeit des Einzelnen erheblich wächst, wenn er nicht ausschließlich passiver Konsument von mitgeteilten Fakten ist. Hat der Lernende die Möglichkeit, ein Bildungsangebot produktiv aufzunehmen und zu erarbeiten, so kann dies zu einer Wissenserweiterung führen, die zugleich eine Persönlichkeitsveränderung bewirkt. Diese Wandlung umfaßt dann sowohl das Verständnis der Weltzusammenhänge als auch die Selbstwahrnehmung.

Beim Neuaufbau der Erwachsenenbildung nach 1945 mußte man allerdings unter den Hörern mit dem Typ des Bildungskonsumenten rechnen. Wollte man von der Einbahn-Kommunikation der Vorträge, der Belehrung und des Unterrichts zur aktiven Problemdiskussion der Teilnehmer kommen, so war man auf die Arbeit von kleinen Gruppen in länger dauernden Kursen und Arbeitskreisen angewiesen. Der Anteil der an einer solchen Arbeitsweise Interessierten wächst aber offensichtlich. Er stellt jenes Potential dar, das Verhaltensveränderungen erwarten läßt. Voraussetzung dafür sind allerdings geeignete Methoden der Gruppenarbeit. Sie zu finden, dazu haben die Arbeiten von Kurt Lewin und seinen Schülern in den 30er Jahren wesentlich beigetragen. Sie zeigen, daß Lernfähigkeit und Verhalten weitgehend vom jeweiligen Unterrichts- und Führungsstil abhängen.

Schon die Schulreformbemühungen der 20er Jahre mit ihrem heute wieder angestrebten Stil eines sozial-integrativen Unterrichts bei aktivem Meinungsaustausch der Gruppenmitglieder untereinander zeigten, daß sowohl die Lernfähigkeit als auch das Verhalten durch diese Methoden im günstigen Sinne beeinflußt wurden. Auch diese Reformversuche waren aus dem Bestreben entstanden, zugleich wirksame Methoden für eine Erziehung zu demokratischen Gesinnungen und entsprechendem Verhalten zu finden. Diese Notwendigkeit aktualisierte sich nach dem zweiten Weltkrieg in Deutschland um so mehr, als der Umfang und die Auswirkungen der irrationalen Vorurteile und der daraus entstehenden Wahrnehmungstäuschungen über die Wirklichkeit ein bedenkliches Ausmaß zeigte.

Aus diesem Ansatz entwickelte sich in den folgenden Jahrzehnten die heute als Gruppendynamik bezeichnete Methode. Die Kleingruppenforschung befindet sich noch in den Anfängen, jedoch zeigt die schnelle Ausbreitung der wissenschaftlichen Veröffentlichungen dieses Gebietes, sowie die Anwendung der Methode in den verschiedensten Bereichen doch, daß hier wirksame, neue Möglichkeiten nicht nur für den Unterricht, sondern auch für die soziale Kooperation, die Lösung von unvermeidlichen Konflikten und die konkrete Selbsterfahrung gegeben sind. Vor jeder Darstellung gruppendynamischer Methoden und ihrer Anwendungsmöglichkeiten in der Erwachsenenbildung sind jedoch noch einige einleitende Vorüberlegungen erforderlich:

Welche Motive bestehen für den Entschluß, aktiver Teilnehmer an Veranstaltungen der Erwachsenenbildung zu werden?

Hier interessieren uns weniger die quantitativ durch Umfrage ermittlungsfähigen Daten. Vielmehr wollen wir von strukturellen Überlegungen ausgehen. Es gibt eine Primärerziehung im Elternhaus und eine Sekundärerziehung in der Schule, die sowohl den Verhaltensstil und die Lernbereitschaft, als auch bestimmte Voreinstellungen, Abneigungen, Widerstände und affektive Erfahrungen sehr weitgehend prägen. Der potentielle Teilnehmer der Erwachsenenbildung bringt diese Ergebnisse des Sozialisationsprozesses, d. h. seiner bewußten und unbewußten bisherigen Anpassung an gegebene Umweltverhältnisse weitgehend mit. Wir dürfen dabei unterstellen, daß sein Verhalten und seine Einstellungen das Ergebnis einer langen Auseinandersetzung der in ihm unbewußt wirksamen Bedürfnisspannungen angesichts der in der Außenwelt möglichen Verwirklichungen solcher Bedürfnisse ist. Wir dürfen weiterhin unterstellen, daß der Besuch einer Veranstaltung der Erwachsenenbildung aus einem Bedürfnis entstanden ist, für das eine neue Form der Befriedigung gesucht wird.

Gehen wir davon aus, so werden wir auch annehmen müssen, daß alle vorausgegangenen Bildungsangebote, die nicht den tatsächlich erreichten Entwicklungsstufen und Lernmöglichkeiten des Kindes und Jugendlichen entsprochen haben, auf Widerstände getroffen sind. Sie können die verschiedensten Ursachen gehabt haben. Eine der entscheidendsten dürfte die Art und die Wirkung der Objektbeziehung sein. Wir verstehen unter diesem Begriff die Tatsache, daß jeder Mensch den frühesten Objekten der Kindheit gegenüber, d. h. also gegenüber Mutter und Vater in der Familie, bestimmte affektive Beziehungen entwickelt, die in dem Wunsch nach Befriedigung seiner Bedürfnisse begründet sind. Diese Art der Beziehung kann sehr verschieden sein. Ein entscheidendes Erlebnis ist jedoch psychologisch unvermeidlich: Die Überlegenheit des Erwachsenen, die, zunächst nur von der körperlichen Größe ausgehend, das Gefühl der Abhängigkeit und der sozialen Angst vermittelt. Dieses Erlebnis der sozialen Angst und Abhängigkeit ermöglicht einerseits die allmähliche Entdeckung und Anerkennung der Realität, während sie andererseits kompensatorische Größenphantasien zur Abwehr der Angst beim Kinde hervorruft. Ein real abhängiges, unwissendes Kind wird also normalerweise stets allmächtige Größenphantasien für sich selbst entwickeln, in denen es sich mit Eigenschaften und Fähigkeiten ausstattet, die dem Erwachsenen seiner Umgebung haushoch überlegen sind, kurz: Allmachtsphantasien, Omnipotenzphantasien.

Zugleich wird dieses Kind jedoch durch die realen Gegebenheiten seiner Umwelt gezwungen, die Wirklichkeit der Erwachsenen anzuerkennen und damit umgehen zu lernen. Auf diese Weise erwirbt es im psychosozialen, seelisch auf die Umgebung gerichteten Bezug eine bestimmte Identität. Inhalt dieser Identität ist der Versuch einer optimalen Übereinstimmung zwischen den Erwartungen und Forderungen der primären sozialen Umgebung (Familie) und den aus der inneren Dynamik auftauchenden Bedürfnissen und Triebwünschen. Dieser Anpassungsprozeß enthält eine Reihe unvermeidlicher Konflikte, da das Entfaltungsbedürfnis des Kindes nicht nur auf Zustimmung, sondern weit häufiger in größerem Ausmaß auf Ablehnung, Einschränkung und Verbote seiner Umgebung trifft. Die hierdurch notwendig werdenden Verzichte werden erreichbar durch die Identifizierung des Kindes mit den Wünschen, Forderungen und Verhaltensweisen der Erwachsenen. Das Kind internalisiert also die äußeren sozialen Regeln und macht sie so zu inneren Geboten aus der begründeten Furcht, andernfalls von der Zugehörigkeit zu seiner sozialen Gruppe ausgeschlossen zu werden und den Verlust der Liebe und Zuwendung seiner primären Objekte, eben der Eltern, erleiden zu müssen. Dieses Grundmodell der Entstehung sozialen Verhaltens verdanken wir *Sigmund Freud*, wobei wir uns auf diese Kurzfassung eines recht komplizierten Vorganges beschränken müssen, um daran sichtbar zu machen, was *E. H. Erikson* in der Folge dann als die Entwicklung von Identitätskrisen auf verschiedenen Stufen dargestellt hat. Der innere Vorgang der Anpassung an neue Gegebenheiten und Forderungen wiederholt sich nämlich in ähnlicher Form auf den folgenden Lebensstufen zu verschiedenen Zeiten bis zum Lebensende.

Für unsere Überlegungen innerhalb der Erwachsenenbildung ist dabei die Tatsache von besonderer Bedeutung, daß der Verlust der Zugehörigkeit zu einer sozialen Gruppe beim Individuum Identitätszweifel mit sich bringt, die eine Krise im einzelnen auslösen können. Weiterhin müssen wir uns vergegenwärtigen, daß mit diesen frühen Objektbeziehungen ein Lernprozeß verbunden ist, der aus der Identifizierung entsteht. Diese Form der primären Lernprozesse wird auf der seelischen Ebene auch später weitgehend unbewußt beibehalten. Die Identifizierung mit dem Lehrenden (= d. h. ein sich vorübergehend Gleichsetzen), sekundär mit den von ihm angebotenen Inhalten oder mit anderen Lernenden, die diesen Inhalt bereits verstehen, erleichtert die Verarbeitung eines Lernstoffes. Es geschieht also keineswegs lediglich allein eine sachliche Wissensvermittlung, bei der ausschließlich rationale, intellektuelle Lernprozesse ablaufen, sondern es kommt zugleich durch emotionale Vorgänge (Gefühlsvorgänge und Affekte wie Zuneigung, Abneigung, Ärger, Trotz, Langeweile

21

und so weiter) zu einer Förderung oder Behinderung des Lernvorganges. Letzteres spielt eine weitaus größere Rolle, als allgemein heute noch angenommen wird. Für die Arbeit der Erwachsenenbildung hat diese psychologische Gesetzlichkeit eine besondere Bedeutung, weil ein großer Prozentsatz der Teilnehmer
durch bestimmte, unbewußte Vorerfahrungen aus solchen Erlebnissen motiviert wird.

Dabei ist zwischen der bewußten Motivation des Bildungswun-
sches und der unbewußten, des Wunsches nach einer Änderung
dieser Vorerfahrung zu unterscheiden. Letztere stützt sich entweder auf das Erlebnis eines vorausgegangenen Versagens, das
aufgehoben oder überkompensiert werden soll, während erstere
zwar eine objektive Kenntniserweiterung anstrebt, zugleich jedoch
auch in der profanen Formel »Wissen ist Macht« eine unbewußte,
magische Tendenz enthält.

Von Bedeutung für die Erwachsenenbildung ist genau wie für
die Pädagogik die Zuwendung oder Abwendung gegenüber bestimmten Wissensgebieten, die Konstanz des Interesses und die
erreichbare Einstellungs- und Verhaltensänderung. Es wird auch
heute noch weitgehend angenommen, daß dies fast ausschließlich
vom jeweiligen Sachinteresse abhängig sei. Das trifft nur begrenzt
zu, da man das bewußte Sachinteresse und die bestehenden unbewußten, irrationalen Reservate von Vorurteilshaltungen als
gleichzeitig wirksame Faktoren wahrnehmen muß. Jeder
Lernvorgang erstrebt und erfordert eine Bewußtseinserweiterung.
Ein Bestand an Wissen und Weltverständnis wird durch wahrgenommene Tatsachen verändert, d. h. entweder wird vorhandenes
Teilwissen ergänzt, bestätigt, oder richtiggestellt, oder es erweist
sich als grundsätzlich irrtümlich und revisionsbedürftig. Dieser
Vorgang umfaßt jedoch nicht nur die Sachobjektivität des betreffenden Gegenstandes, sondern dessen bisherige Einordnung in den
subjektiven Bedeutungszusammenhang. Psychologisch erfordert
dies eine Konfrontation der bestehenden, vertrauten Ich-Form mit
bislang nicht integrierten Objekten und Objektzusammenhängen
der Außenwelt. Sobald jedoch eine neue Auseinandersetzung mit
der Objektwelt einsetzt, werden unweigerlich unbewußt alle frü-

heren Objektbeziehungen von neuem mobilisiert. Auf diese Weise kann vom Unbewußten her der Lerngegenstand (unabhängig von seiner objektiven Bedeutung) den Aspekt sowohl einer Triebbefriedigung gewährenden, wie auch den einer Triebverzichte fordernden Objektbeziehung erhalten.

Diese Beziehungen zum Gegenstand werden dann oft unbewußt auf den Lehrenden übertragen, d. h. ihm wird der betreffende Objektaspekt, also die ursprünglich unbewußte, aus der Kindheit stammende Gefühlsbeziehung zu einem oder zu beiden Elternteilen, zugeschrieben. Dies sollte der Unterrichtende in der Erwachsenenbildung wissen, um den daraus entstehenden, psychodynamischen Vorgängen im einzelnen, wie bei allen Mitgliedern einer Lerngruppe richtig begegnen zu können.

Bedauerlicherweise ist die Integration psychoanalytischen Wissens, d. h. die Kenntnis von den dynamischen, unbewußten Prozessen im Rahmen der mitmenschlichen Beziehungen in Deutschland von 1933—1945 weitgehend unterbrochen worden. Nach 1945 wurde die Vermittlung dieses Wissens nur sehr unvollkommen wieder aufgenommen. Das hat viele Gründe, unter anderem war dies durch die Tatsache bedingt, daß Deutschland 1933 50 %/o aller Wissenschaftler, aber über 70 %/o der Wissenschaftler dieses Fachgebietes verlor. Viele Vorurteile sind durch diesen Umstand nicht nur erhalten geblieben, sondern wurden so weitgehend vertieft, daß man in Deutschland glaubt, psychoanalytische Erkenntnisse seien überholt, während sie in der übrigen Welt zur Grundlage aller sozial-pädagogischen Berufe geworden sind.

Gruppendynamik ist aus einer Integration von psychodynamischen und sozial-psychologischen Beobachtungen entstanden und weiterentwickelt worden. Die angelsächsischen Ausbildungszentren für die Erwachsenenbildung bedienen sich heute weitgehend dieser theoretisch gut begründeten Übungsmethode zur Vermittlung von Grundeinsichten und Selbsterfahrungen für Kursleiter und zukünftige Lehrkräfte der Erwachsenenbildung. Zu diesem Schritt entschloß man sich auch vor einigen Jahren in Frankreich aus der nüchternen Einsicht, daß niemand auf die Dauer mit einer Gruppe konstant und befriedigend arbeiten kann, solange ihm die innerhalb dieser Gruppe ablaufenden Prozesse und seine eigene Rolle in diesen Vorgängen verborgen bleiben.

»Diagnostique de groupe« ist also auch hier, ähnlich wie zuvor in USA, England, Holland, Belgien und der Schweiz — um nur einige Länder zu nennen —, zu einem wichtigen und subtilen Instrument des Gruppenleiters geworden, das ihm und den Teilnehmern die sachliche Arbeit erleichtern kann. Zwei Begriffe stehen dabei im Vordergrund: Prozeßanalyse und das schwer zu übersetzende Wort *»sensitivity training«*. Die Prozeßanalyse bezieht sich auf die dynamischen Vorgänge innerhalb des Gruppenprozesses. Die erhöhte und systematisch eingeübte Sensibilität richtet sich mehr auf innerpsychische Vorgänge im Gruppenleiter, die ihm signalisieren können, welche Spannungsvorgänge sich in der Gruppe abspielen, ihn aber zugleich durch seine Selbstwahrnehmung besser befähigen, in der Fremdwahrnehmung richtig zu beobachten.

Es dürfte also, angesichts der Bemühungen in den Nachbarländern, in der BRD keine Frage mehr sein, wie lange man sich in der Erwachsenenbildung noch nur naiv und bewußtseinsgläubig an die Vordergründigkeit der erkennbaren Vorgänge hält, ohne deren Bedeutung für den weiteren Verlauf der Gruppenarbeit mit in die planenden Überlegungen einzubeziehen. Es geht hier nicht nur um eine Revision von Vorurteilen im weitesten Sinne, wie sie *Alexander Mitscherlich*[1] dargestellt hat, sondern zugleich um die Einübung einer sensibleren Wahrnehmungsfähigkeit für die Wirkungen und Bedeutungen eigenen und fremden Handelns. Konflikte in der menschlichen Gesellschaft sind unvermeidbar. Die Geschichte lehrt jedoch, daß die Lösung von Konflikten als eine öffentliche Grundtugend demokratischen Verhaltens in manchen Ländern besser, in einigen weniger gut und in vielen gar nicht gelehrt wird. Auch unsere Bemühungen um die politische Bildung erfordern wirksame Methoden, bei denen nicht nur intellektuell theoretisches Wissen zu vermitteln ist, sondern es bedarf hier neuer Möglichkeiten der Selbstwahrnehmung und Selbsterfahrung, die das soziale Bewußtsein und Verhalten wirklich verändern können. Zur Theorie und Methode der Erwachsenenbildung hat *M. S. Knowles*[2] unter Hinweis auf die Publikationen von *Leland Brad-*

ford und *Ronald Lippitt*[3]) einige Grundzüge der gruppendynamischen Methode sowie die Unterschiede der verschiedenen Kommunikationsweisen beschrieben. *Knowles* verweist in seinem Kapitel
über die Gruppendynamik sowohl auf die Entwicklungsstufen
jeder Gruppe, sowie auf die verschiedenen Auffassungen über die
Gruppenführung. Auch das entscheidende Prinzip der Gruppendynamik: »Führung durch die Gruppe«, ist in seinen Grundsätzen
so umrissen, daß die Methode in dieser Beschreibung durchaus
verständlich wird. Die folgende Darstellung soll daher einer Ver-
tiefung und einem Verständnis dieser Zusammenhänge dienen.
Dabei wird es unvermeidlich sein, nicht nur die bewußten Vorgänge, sondern vor allem die vorbewußten und unbewußten Prozesse mit in die didaktisch, technischen Überlegungen einzubeziehen. Der hierdurch eintretende Widerstand ist unvermeidlich,
da alle Problemauseinandersetzungen, die unbewußte Bereiche
berühren, auch im Leser unbewußte Vorgänge auslösen. Darauf
wird in der Einleitung deshalb ausdrücklich verwiesen, weil es
bereits zum Erfahrungs- und Beobachtungsbereich dieser Methoden gehört, daß sich vermehrtes Unbehagen, Widerstand und
Ablehnung verstärken, wenn die unbewußte Betroffenheit des
Lesers ihn mit eigenen, vergessenen Erinnerungen konfrontiert,
da in diesem Vorgang nicht nur intellektuelle, sondern zugleich
affektive Prozesse mobilisiert werden. Dieser Hinweis mag zugleich als Anregung zum Überdenken der Schwierigkeiten dienen,
die ein Teilnehmer an einer Erwachsenenbildungsveranstaltung
bei der Auseinandersetzung mit einem ihm selbst völlig neuen
Inhalt zu bewältigen hat.

ANMERKUNGEN

[1]) *A. Mitscherlich:* Revision der Vorurteile als Bildungsziel. Deutscher
Volkshochschulverband, Bonn 1961.

[2]) *E. Malcolm S. Knowles, Torsten Husen:* Erwachsene Lernen. Methodik der Erwachsenenbildung. Stuttgart 1963, S. 71—105.

[3]) *L. P. Bradford* u. *R. Lippitt:* Group dynamics and education. National Education Association, Washington 1949.
L. P. Bradford: Planing the Work-Group Conference. Adult Education Bulletin XIII. Febr. 1948.

WAS IST GRUPPENDYNAMIK?

Es gibt zahlreiche Darstellungen der verschiedenen Methoden der Gruppendynamik in englischer und französischer Sprache. In deutscher Sprache existiert bisher die allgemein informierende Übersicht über die verschiedensten gruppendynamischen Versuche von *Hofstätter*[4], sowie die bereits erwähnte, stark gekürzte Beschreibung für die Erwachsenenbildung, von *Knowles*. Die Schwierigkeit aller theoretischen Darstellungen dieses Gebietes liegt, darin ähnlich der Psychoanalyse, vor allem in dem Umstand, daß Lektüre und Theorie allein nicht jenen Anteil der Selbstwahrnehmung erfahrbar machen, der in den Informations- und Übungskursen zur Gruppendynamik normalerweise mobilisiert wird. Solche Übungen finden in anderen Ländern an zahlreichen Universitäten und in Zusammenarbeit mit den jeweiligen Zentralen für Erwachsenenbildung statt, wobei an solchen Kursen auch Vertreter anderer Berufe teilnehmen, die im direkten Umgang mit Menschen stehen. Überwiegend beteiligen sich jedoch Erzieher und Menschen aus sozialpädagogischen Berufen.
In diesem Kapitel soll uns zunächst die Entstehung der Gruppendynamik als Methode beschäftigen. Sie hat zwei Ausgangspunkte:

1. Die Entdeckung *Freud's*, daß die Individualpsychologie sich von der Gruppenpsychologie nur in relativ geringem Ausmaß unterscheidet: »Der Gegensatz von Individual- und Sozial- oder Massenpsychologie, der uns auf den ersten Blick als sehr bedeutsam erscheinen mag, verliert bei eingehender Betrachtung sehr viel von seiner Schärfe. ... im Seelenleben des einzelnen kommt ganz regelmäßig der Andere als Vorbild, als Objekt, als Helfer und als Gegner in Betracht und die Individualpsychologie ist daher von Anfang an auch gleichzeitig Sozial-

psychologie in diesem erweiterten aber durchaus berechtigten Sinne[5]).«

2. Die kritische Überprüfung von Lehrern in ihrem Unterrichtsverhalten sowie die Untersuchungen über die Rassenunruhen im Staate Connecticut führten in den Jahren zwischen 1930 bis 1940 *Kurt Lewin*[6]*)* und seine Mitarbeiter zu bestimmten Ergebnissen über das Verhalten von Gruppen unter verschiedenen Arten der Führung. Im folgenden sollen zunächst die Überlegungen *Lewin's* (die heute weitgehend bekannt sind) noch einmal kurz dargestellt werden.

Die Untersuchung des Verhaltens von Lehrern und Schülern ergab sehr verschiedene Resultate hinsichtlich der Leistung der einzelnen Klassen und Schüler, die weder auf die Begabung, noch auf die Intelligenz, noch auf die Sozialbedingungen zurückführbar waren. Vielmehr zeigte sich, daß verschiedene Lehrer auch zu verschiedenen Führungsmethoden neigen. *Lewin* unterschied schließlich drei Führungsstile: Den a u t o r i t ä r e n (oder autokratischen), den l a i s s e z - f a i r e und den f r e i h e i t l i c h d e m o k r a t i s c h e n Stil.

Der »autoritäre Führungsstil« ist gekennzeichnet durch eine strikte Kontrolle von Seiten des Gruppenleiters, der Anordnungen gibt, Ziele setzt und die Durchführung jeder Arbeit zielstrebig überwacht. Das Leistungsergebnis erscheint zunächst günstig, jedoch erweist sich, daß es unter zunehmender Abhängigkeit der Gruppenmitglieder sehr bald zu einem Leistungsabfall kommt, der sich besonders dann verstärkt, wenn die Person des Führenden ausgewechselt wird. Die anderen Erscheinungen, wie etwa Verstärkung der gegenseitigen Haß- und Aggressionsregungen der Gruppenmitglieder untereinander, Nachlassen der Aufmerksamkeit, zunehmendes Desinteressement und Fluchttendenzen sind hier ebenfalls zu nennen, werden uns später aber noch genauer beschäftigen.

Der »laissez-faire-Stil« bezieht seinen Namen aus einer Führungshaltung, die weitgehend passiv-nachgiebig alles geschehen läßt, ohne einzugreifen. Dies ist eine häufig mit freiheitlicher Führung verwechselte Form, die von der Vorstellung ausgeht, eine Gruppe entfalte ihre eigenen Kräfte von alleine, wenn man ihr nur genügend Möglichkeiten dazu ließe. Tatsächlich bewirkt dieser Führungsstil in Schulen eine weitgehende Verwahrlosung der triebstarken und eine Terrorisierung der vital schwachen Schüler. So kommt es zu einem raschen Zerfall der Gruppe, der sich in Cliquenbildung und zunehmenden Rivalitäten äußert und zur schließlichen Auflösung der Gruppe führt.

Im »freiheitlich demokratischen Stil« behält der Gruppenleiter weitgehend die Führung, jedoch gibt er der Klasse oder der Gruppe genügend Hilfen, die jeweilige Lösung von Aufgaben oder Problemen soweit selbständig durchzudiskutieren, daß eine optimale Übereinstimmung erreicht wird. Er vermeidet dabei weitgehend jede autoritäre Führung und versucht, seinen Einfluß durch eine gewisse Lenkung der Diskussion und durch die sokratische Methode auf den Fortgang der Reifungsprozesse der Gruppe so minimal wie möglich zu halten bis die Gruppe in der Lage ist, sich selbst verantwortlich zu führen. Dieser Führungsstil erzielte sowohl hinsichtlich der Stoffbewältigung wie der Intensität des Lernvorganges die besten Ergebnisse. Der entscheidende Effekt jedoch war die Einübung in demokratische Verhaltensweisen und in die Lösung von Konflikten bei ständig auftretenden mangelnden Übereinstimmungen der Gruppenmitglieder, die unvermeidlich sind.

Im freiheitlich demokratischen Führungsstil muß der Führende die dynamischen Prozesse in der Gruppe beobachten, so etwa Spannung und Dominanz oder Rückzug und Abweisung, und er muß versuchen, alle Gruppenmitglieder zu einer aktiven Mitarbeit an den jeweiligen Problemen zu bewegen. *Knowles* und andere haben ganze Kataloge und präzise Anweisungen für den Gruppenleiter gegeben, der sich dieses Führungsstiles bedienen will. In sehr vielen Kursen der Erwachsenenbildung versuchen die jeweiligen Gruppenleiter diese Methode anzuwenden. Sie hat gewiß die Gefahr, daß ungenügend ausgebildete Kursleiter doch auf den autoritären Weg geraten und schließlich wieder ihre Gruppen in eine Abhängigkeit dirigieren. Leider trifft *Hofstätter's* 1957 getroffene Feststellung auch heute noch zu: „ . . . die naive Selbstsicherheit (ist) eigentlich überraschend, mit der sich die meisten von uns an Gruppendiskussionen . . . heranwagen. Wir übersehen dabei geflissentlich, daß ,zu sprechen wie einem der Schnabel gewachsen ist', nur selten dazu ausreicht, um auch zu verstehen, was eigentlich vor sich geht[7]).“

Das neue Prinzip der Gruppendynamik ging über den freiheitlich demokratischen Führungsstil hinaus. Führung wurde nicht mehr als die Funktion eines Leiters oder Vorsitzenden angesehen, sondern als eine Funktion der Gruppe selbst, d. h. a l l e r Gruppenmitglieder. Ohne hier auf die sehr verschiedenen, neuen Erkenntnisbereiche und wissenschaftlichen Experimente der Gruppendynamik näher einzugehen und auch ohne im einzelnen die von *Knowles* dargestellten praktischen Anweisungen für die Mitglieder einer sich selbst führenden Gruppe zu wiederholen, sollen hier die Vorgänge dargelegt werden, aus denen sich der psychologisch gesetzmäßige Ablauf der Dynamik einer Gruppe erklärt. Vielfach ist sie in der Weise beschrieben worden, daß man den Prozeß innerhalb einer Gruppe — gleichgültig welcher Art und Zielsetzung —, der verschiedene Stadien der Reife durchläuft, mit den Entwicklungsstadien des Menschen verglichen hat. Dieser an sich anschauliche und gute Vergleich kann aber leicht zu der Vorstellung verleiten, einer Gruppe käme eine eigenständige Seinsqualität zu. Man muß demgegenüber im Auge behalten, daß es sich nur um einen Vergleich handeln kann, denn „Obwohl eine Gruppe schon von der frühesten Entwicklung her viele Wesenszüge des Einzelorganismus zeigt, setzt sie sich doch aus Einzelmenschen zusammen, die sich selbst als getrennte Einheiten betrachten[8]).“

Diese Konstanz der Einzelwesen ist zu betonen, um dem keineswegs unbedenklichen Mißverständnis zu begegnen, ein pädagogischen Eingehens auf gruppendynamische Vorgänge bestärke einen Gruppenkonformismus, der nur die individuellen Fähigkeiten der einzelnen Mitglieder für die Lösung gemeinsamer Aufgaben verringern würde. Die Autonomie des Individuums, d. h. seine Eigenständigkeit als einzelner bleibt in der Gruppe voll erhalten. Es erfolgt keine Auflösung des Individuums in der Gruppe als eigenständiger Entität. Jedoch kommt es beim einzelnen Mitglied einer Gruppe in sehr verschiedenem Ausmaß zu Regressionen auf frühere psychologische Verhaltensweisen und Entwicklungsstufen. Dabei verstehen wir unter Regression den weitgehend unbewußt bleibenden Rückschritt auf entwicklungspsychologisch frühere und primitivere Schichten und Haltungen, die stärker von Triebbedürfnissen und Affekten her bestimmt sind, als die jeweils gleichzeitig fortbestehende, erreichte, individuelle Bewußtseinslage und Reife, die sich gegen diese Triebbedürfnisse aber nicht immer behaupten kann.

Was wir innerhalb der Gruppe als Dynamik bezeichnen, geschieht auf zwei Ebenen: die erkennbare Dynamik des Verhaltens der einzelnen Gruppenmitglieder zueinander und dem Gruppenleiter gegenüber, die häufig mit den Entwicklungsstadien des Menschen verglichen wird, ist die zunächst an der Oberfläche unmittelbar spürbare Seite. Die unausgesprochenen Erwartungen, Befürchtungen und Hoffnungen, die das Verhalten der einzelnen Gruppenmitglieder unbewußt determinieren, stellen die zweite Ebene dar, der für uns eine größere Bedeutung zukommt. An der Oberfläche handelt es sich um die sichtbaren Erscheinungen des äußeren Konfliktes: Die Teilnehmer erproben ihre Beziehungen zueinander, versuchen ihre persönlichen Interessen durchzusetzen, kämpfen um ihren Status, um die Rangfolge und bieten ihre bisherige Kenntnis an. Die Beziehungen wechseln zwischen Abhängigkeitsgefühl und Unabhängigkeitswünschen, bis die Unvermeidbarkeit der Interdependenz, die wechselseitige Abhängigkeit voneinander, begriffen und angenommen ist. Dem Gruppenleiter kommt hier eine besondere Bedeutung deshalb zu, weil eine falsche Form der Führung in diesem Entscheidungsstadium der Gruppe schon bewirken kann, daß die Gruppenmitglieder in einer infantilen Abhängigkeit verharren, was dann zu einer mangelhaften Verarbeitung des Aufgabenprogrammes und einer Verringerung der Lernfähigkeit führt. Die Beziehung der Gruppenmitglieder zum

Gruppenleiter erschöpft sich dann darin, sich mit inadäquaten Mitteln von dieser Abhängigkeit befreien zu wollen. Charakteristisch hierfür ist etwa das trotzige Verhalten Jugendlicher gegenüber autoritären Lehrern, die Lernwiderstände hervorrufen und die ständig irgendwelchem Schabernack und der Sabotage ausgesetzt sind, wobei der lernwillige Teil der Klassen- bzw. Gruppenmitglieder an einer aktiven Mitarbeit gehindert wird. Selbst wenn man annehmen darf, daß diese Form der Gruppenentwicklung innerhalb der Erwachsenenbildung selten ist, wird man doch im Bewußtsein behalten müssen, daß die hier angedeuteten Symptome eines Widerstandes, wo immer sie auftreten, keineswegs etwa nur ein Zeichen mangelnden Ernstes oder fehlender Eignung der Kursteilnehmer sind, sondern eher ein Signal für ein zu sehr autoritäres Verhalten des jeweiligen Gruppenleiters.

Die Bedeutung der zweiten Ebene innerpsychischer, unbewußter und vorbewußter Motivationen leitet sich aus einer anthropologischen Realität, d. h. aus den Gegebenheiten des menschlichen Entwicklungs- und Sozialisationsprozesses ab. Jedes Individuum entwickelt sich innerhalb einer Primärgruppe. Dies wird im allgemeinen die Familie sein. Sowohl die unvollständige Familie wie die Kinderheimkonstellation stellen eine Gruppe dar. Bereits *Georg Simmel*[9]) wies als Soziologe sehr früh auf die Dyade von Mutter und Kind als einer primären Gruppe hin. *René Spitz, Anna Freud, John Bowlby*[10]) u. a. haben die spezifische Bedeutung der primären Gruppenbeziehung und deren Modellcharakter für alle späteren psychosozialen Beziehungen dargestellt. Der Art der frühen Objektbeziehungen kommt eine entscheidende Bedeutung für die Prägung der Ich-Entwicklung zu. Aus den ersten menschlichen Kommunikationserfahrungen entstehen letztlich Urvertrauen oder Urmißtrauen. Beide sind Ausdruck eines jeweils individuell spezifischen Verlaufs der ersten Objekterfahrungen. Die Bedeutung dieser entwicklungspsychologischen Zusammenhänge ist in ihren Konsequenzen für die Gesellschaft vielfach dargestellt worden *(Freud, Erikson, Mead, Mitscherlich*[11]).

In der Erwachsenenbildung und ihrer Gruppenarbeit wirkt sich dieser Zusammenhang in mehrfacher Hinsicht auf die dynamischen Gruppenvorgänge aus. Beim Eintritt in eine neue Gruppe wiederholt sich unbewußt das Modell der frühen Sozialbeziehungen so lange, bis eine befriedigende und angstfreie Kommunikationsmöglichkeit der Gruppenmitglieder untereinander und gegenüber dem Gruppenleiter gefunden ist. Der entscheidende Anteil der Dynamik besteht nun gerade darin, daß sich für jedes Gruppenmitglied in der Kommunikation mit den anderen bestimmte Aspekte ursprünglicher Objektbeziehungen und -erfahrungen wiederholen. Von einem Gruppenmitglied aus gesehen bedeutet dies, daß sich bei ihm bestimmten Teilnehmern gegenüber Sympathien oder Antipathien bilden, während andere zunächst gleichgültig erscheinen oder überhaupt nur begrenzt wahrgenommen werden. Es ist dies eine Eigentümlichkeit des Menschen, die nicht nur gegenüber Sachverhalten, sondern vor allem gegenüber anderen Menschen auftritt: Neues ist für das Individuum zunächst nur hinsichtlich seiner eigenen, rein persönlichen, bisherigen Erfahrungen von Bedeutung, während alles andere gleichsam ausgeblendet wird, bis die unbewußten Lernwiderstände gegenüber diesem Neuen überwunden sind.

So sachbezogen und neutral wir also nach außen hin auch erscheinen mögen, wir können nicht verhindern, daß bestimmte Voreinstellungen und Gefühle aus früheren, meist vergessenen Erfahrungen auf neue Menschen und Situationen übertragen werden. Ebenso können eigene, verdrängte Inhalte, die uns selbst unangenehm sind, auf andere Menschen projiziert werden, so daß sie dort am anderen übermäßig scharf wahrgenommen werden. Kennzeichen für diese teils vorbewußten, teils unbewußten dynamischen Beziehungen ist die Beteiligung des Affektes, der nur objektiv betrachtet in keinem Verhältnis zum Anlaß steht. Solche heftigen affektiven Erregungen oder Auseinandersetzungen finden als scheinbar sachbezogene Argumentationen in der Erwachsenenbildung relativ häufig statt, ohne daß das Mißverhältnis zwischen Affektaufwand und sachlicher Differenz als Zeichen für einen gruppendynamischen Vorgang begriffen wird, der nichts mit den Gründen zu tun hat, die nach Außen in Erscheinung treten. Diese Zeichen mit ihren Hintergründen richtig zu erkennen und für die

Arbeit einer Gruppe fruchtbar werden zu lassen, ohne sich selbst in affektive Bindungen zu verheddern oder auf unbewußte Provokationen falsch zu reagieren, sollte zu den ausgebildeten Fähigkeiten eines Gruppenleiters in der Erwachsenenbildung gehören. Wir werden im folgenden besprechen, welche Erscheinungen solche dynamischen Vorgänge ankündigen, wie man ihnen richtig begegnen kann und wie sie den Lernvorgang beeinflussen.

Zuvor soll uns jedoch noch eine andere Überlegung beschäftigen, die es ermöglicht, die wahrscheinlichen, innerpsychischen Voraussetzungen des potentiellen Gruppenteilnehmers im voraus richtig einzuschätzen.

Die Psychologie hat sich lange Zeit in Anlehnung an die Naturwissenschaften bemüht, auch für den Menschen eine systematische Typologie zu erarbeiten. Solche Ordnungskategorien sind sehr verlockend, jedoch zeigt sich in der Realität, daß jeder Versuch, die zahlreichen Möglichkeiten psychischer Reaktionen des Menschen in ein Schema zu pressen, der Wirklichkeit Gewalt antut. Wenn man aber annimmt, daß es a u c h Mischformen gibt, die dann jedoch jede Möglichkeit offenlassen, so wird die Typologie beliebig relativiert. Demgegenüber erscheint der genetische Aspekt der dynamischen Psychologie, der bestimmte Verhaltens- und Erlebnisweisen des Individuums aus der Geschichte seiner persönlichen, intellektuellen und affektiven Entwicklung ableitet, praktikabler. Jede neue Lebenssituation wird damit für das Individuum mit den Erfahrungen vergleichbar, die in seinem biographischen, geschichtlich gewordenen Identitätsbewußtsein vorhanden sind, auch wenn solche vergleichenden Kontrollen unbewußt bleiben. Das Bewußtsein: »Ich bin XY, der von Eltern, Lehrern, Freunden und Feinden auf eine bestimmte Weise erkannt wird, von sich selbst jedoch darüber hinaus etwas weiß, was alle anderen außer mir nicht wissen«, stellt eine Identität des Individuums dar, der zahlreiche konkrete Erfahrungen in den verschiedensten Situationen zugrundeliegen. Diese Erfahrungen sind auf eine sehr hohe Symbolebene abstrahiert, d. h. bestimmte Kurzformen der gedachten Sprache und deren Vorstellungen, ineinander verschmolzene Bilder und mit negativen oder positiven

Vorzeichen versehene Gefühle in der Beziehung zu Menschen und Gegenständen, stellen gleichsam einen inneren Inventar dar, der sich eines bestimmten, erworbenen Instrumentariums bedient, um Kommunikationen mit anderen herzustellen oder zu vermeiden. Dieser innere Zustand ist in seiner Wirkung wie ein Raster, in das soweit dies möglich alle Gestalten, die neu in der Wahrnehmung auftreten, eingeordnet werden. Versagt der Raster in der Einordnung neuer Gegenstände und Sachverhalte, so wird in mehr oder weniger größerem Zusammenhang das gesamte innere Beziehungsfeld mit erregt, bis der Raster um die Aufnahmemöglichkeit des Neuen erweitert worden ist.

Von besonderer Bedeutung für die Erwachsenenbildung sind die Prägungen und Erfahrungen, die beim Verlassen und Aufgeben der Primärgruppe (Familie, Heim) entstanden, in einer Phase also, in der der Wechsel in Sekundärgruppen (Kindergarten, Schule, Berufsausbildung, Arbeitsplatz usw.) sozial unvermeidbar wurde. Es muß dann nämlich die bisherige Matrix der bis dahin allein gültigen Bezugsnahme aufgegeben werden, um eine neue Zugehörigkeit zu einer anderen Gruppe zu gewinnen. Dabei muß die bisherige Identität verändert werden. Damit entsteht eine Identitätskrise, denn die Personen der neuen Umgebung reagieren anders als die bisher vertrauten Gestalten der primären Objektbeziehungen. Wie immer dieser Übergangsprozeß in sekundäre Gruppen beim einzelnen ursprünglich verlaufen ist, d. h. traumatisch und entwicklungshemmend oder positiv und entwicklungsfördernd, er wiederholt sich beim Eintritt in eine neue Gruppe auch beim Eintritt in einen Kurs der Erwachsenenbildung. Es ist unvermeidlich, daß jeder Teilnehmer diese persönliche Erlebnisgeschichte seiner bisherigen Gruppenerfahrungen und Objektbeziehungen in eine neue Gruppe mit einbringt, genauso, wie es unabweisbar ist, daß diese Vorstellungen die Aktionen des einzelnen Gruppenmitgliedes und seine Beziehung zu den anderen weitgehend zunächst mitbestimmen. Konkret bedeutet dies, daß alle Gruppenmitglieder (einschließlich des Gruppenleiters) solange einer Identitätskrise ausgesetzt sind, bis die potentiellen Möglichkeiten der einzelnen Gruppenmitglieder voll für die Ziele und

Aufgaben nutzbar geworden sind, deren Lösung die Gruppe anstrebt. Dies bedeutet zugleich auch, daß ein Zurückbleiben eines Gruppenmitgliedes in diesem Integrationsprozeß die Gruppe solange behindert, bis sie sich um die Lösung der Probleme dieses Mitgliedes gekümmert hat.

Woraus bestehen die zu lösenden Probleme? Wenn Bildung, wie *Alexander Mitscherlich* es formuliert hat, eine »Suchbewegung« ist, dann wäre zu fragen, was der Teilnehmer der Erwachsenenbildung tatsächlich sucht. Wir sollten uns nicht damit zufriedengeben, dies aus der Wahl des Faches oder Kurses als klar gegeben anzunehmen. Daraus können wir lediglich das bewußtseinsnahe, überwiegende Interesse entnehmen, obgleich auch hier die konkrete Überprüfung der Erwartungen sehr oft erweist, daß dieses Interesse noch keine konkreten Vorstellungen über den angestrebten Lerngegenstand enthält. Mit Sicherheit aber will der Teilnehmer der Erwachsenenbildung sein bestehendes Identitätsbewußtsein durch die Assimilation von neuen Inhalten verändern. Untersuchen wir, woher dieser Wunsch stammt, so läßt sich leicht feststellen, daß für den einzelnen Teilnehmer Beziehungspersonen oder Bezugsgruppen bestehen, mit denen er sich in seinem Bildungswunsch negativ oder positiv identifiziert. Er will so sein oder nicht so sein wie dieser oder jener, der ihn besonders beeindruckt hat. Wenn daraus der Wunsch erwächst, Bildung zu suchen, so kann dies mit Zielvorstellungen verbunden sein, die individuell sehr verschieden aussehen. Beispielsweise können solche Zielvorstellungen sehr realistisch auf die Erlernung praktischen Wissens gerichtet sein. (so etwa bei Stenografie, Koch- oder Nähkursen). Aber zugleich ist in diesen Zielvorstellungen der Entwurf eines Ich-Ideals enthalten, das über das bisherige reale Ich, also über die bestehende Identität hinausführen soll. Diese Feststellung ist deshalb wichtig, weil der Lernprozeß an irgendeiner Stelle den Teilnehmer damit konfrontiert, daß sein eigener, unbewußter Trägheits- und Gewohnheitswiderstand, d. h. sein strukturbedingtes Beharrungsvermögen ihn an der Erreichung einer von seinen Idealvorstellungen aus angestrebten Veränderung hindert. Auch für dieses Erlebnis des Versagens oder Nichtkönnens gibt es Vorerfahrungen, die in allerlei Befürchtungen, Ängsten und Hemmungen von neuem mobilisiert und unbewußt wiederholt werden können. Der Lehrende sollte sich der Tatsache bewußt sein, daß diese vorgeprägten Gefühlsanteile früherer sozialer Situationen mit intensivem Aufforderungscharakter zum Lernen auf ihn selbst und andere Teilnehmer übertragen werden können. Von Bedeutung für den Lernprozeß einer Gruppe sind dabei die affektiven Reaktionsmöglichkeiten des Gruppenleiters. Sie sollten weitgehend vom Bewußtsein kontrolliert sein, d. h. der Gruppenleiter sollte die erforderliche Reflexionsfähigkeit besitzen, um wahrnehmen zu können, was zwischen ihm selbst und dem Teilnehmer sowie in den Beziehungen der Gruppenmitglieder untereinander vorgeht.

Die Berücksichtigung und Integration neuen Wissens verändert auch die Person des Lehrenden, weil sie ihn zu neuen Einsichten über sich selbst und seine eigenen Wirkungen zwingt. Erziehung als Problem der Wirkungen des Erziehers ist allgemein noch so weitgehend unreflektiert in unserer Gesellschaft, daß die Wahrnehmung der eigenen Realität oft furchterregend zu sein scheint, wie das heftige Widerstreben beweist, diesen unreflektierten Anteil bewußt zu machen und in die Prozeßanalyse der Lernvorgänge einzubeziehen. Wenn man an Stelle einer kritischen Selbstreflektion allein den Lernenden in der Form belastet, daß man ihm das nötige Interesse, die Intelligenz oder die erforderliche Reife abspricht, dann stellt sich der Lehrende eigentlich zu wenig in Frage, um nicht gerade wegen solcher Einfachheit Verdacht zu erregen. Man wird jedoch schwerlich erwarten können, daß sich in den Beziehungen zwischen Lehrendem und Lernenden einerseits und im Wirkungsgefüge der Mitglieder einer Lerngruppe andererseits etwas ändert, wenn nicht der Lehrende eine höhere Sensibilität für die Vorgänge in der ihm anvertrauten Gruppe entwickelt, die es ihm ermöglicht, die Wirklichkeit wahrzunehmen. Er wird sich dann nicht der Illusion überlassen, er sei lediglich der Vermittler von Wissensstoff und brauche sich um anderes nicht zu bekümmern. Eine solche Auffassung wird in der Erwachsenenbildung allein deshalb keinen Raum haben, weil die Teilnehmer freiwillig kommen und als gleichberechtigte Erwachsene gelten. Andernfalls wird das Ziel der Erwachsenenbildung, durch Erweiterung des Problembewußtseins auf indirektem Wege das Verhalten zu ändern, trotz besten Bemühens um den Wissensstoff verfehlt.

ANMERKUNGEN

[4]) *P. R. Hofstätter:* Gruppendynamik. Rowohlt, Hamburg 1967.
[5]) *S. Freud:* Massenpsychologie und Ich-Analyse. Ges. Werke Bd. 13 S. 73. Imago Publ., London 1940.
[6]) *K. Lewin:* Field theory in social Science. New York 1951. *K. Lewin, R. Lippitt* u. *R. K. White:* Patterns of Aggressive Behaviour in Experimentally Created „Social Climates". Journal of soc. Psychology, 10, 1939.
[7]) *Hofstätter,* a.a.O. S. 167.
[8]) *Knowles,* a.a.O. S. 78.
[9]) *G. Simmel:* Soziologie. Leipzig 1908.
G. Simmel: Über sociale Differenzierung. Leipzig 1890.
[10]) *R. Spitz:* Vom Säugling zum Kleinkind. Klett, Stuttgart 1967.
A. Freud: Das Ich und die Abwehrmechanismen. Kindler, München 1964.
J. Bowlby: Grief and Mourning in Infancy and Early Childhood. Psychoanalytic Study of the Child, Vol. XV, 1960. New York.
[11]) *S. Freud:* Das Unbehagen in der Kultur. Ges. Werke Bd. 14. Imago Publ., London 1940.
E. H. Erikson: Kindheit und Gesellschaft. Pan Verlag, Zürich 1957.
A. Mitscherlich: Auf dem Weg zur vaterlosen Gesellschaft. Piper, München 1953.
M. Mead u. *M. Wolfenstein:* Childhood in contemporary cultures. Chicago 1955.
M. Mead: Mann und Weib — Das Verhältnis der Geschlechter in einer sich wandelnden Welt. Rowohlt, Hamburg 1959.

INDIVIDUALBEZIEHUNG
UND GRUPPENZUGEHÖRIGKEIT

Gruppendynamik versteht sich selbst als die Lehre von der Gesetzlichkeit vorbewußter und unbewußter Prozesse in Gruppen, unabhängig von deren Intelligenzgrad und weitgehend unabhängig von der Sozialschichtung. In der praktischen Erprobung der Methode während der letzten Jahrzehnte ergab sich, daß die Sozialpsychologie das Schwergewicht der Beobachtung mehr auf die vorbewußten Prozesse richtet, während die tiefenpsychologisch orientierten Arbeitsweisen die unbewußten Gruppenprozesse mit beobachten. Zu letzteren gehört jedoch eine besondere Ausbildung und eine Kenntnis der unbewußten Dynamik. Um das Verhältnis zwischen Individualbeziehung und Gruppenzugehörigkeit in seiner Dynamik deutlicher zu machen, bedarf es einiger allgemeiner Feststellungen.

1. Die Entwicklung des Kindes in seinen frühen Sozialbeziehungen macht es in hohem Maße wahrscheinlich, daß die ersten Inhalte des frühen Identitätsbewußtseins in jedem Individuum durch das Verhältnis zu den primären Objekten der Sozialbeziehungen bestimmt wird. Kein Mensch erfährt die Umwelt unbeeinflußt. Vielmehr werden durch die primären Objekte der Sozialbeziehungen die tradierten Kultureinflüsse auf einer weitgehend unbewußten bzw. vorbewußten Ebene der frühen Kindheit weiter vermittelt, da sich das Kind mit der Haltung seiner Umgebung weitgehend identifiziert.

2. Die frühen Objektbeziehungen des Kindes bestimmen ebenfalls weitgehend den Ausgang der Auseinandersetzungen zwischen den biologisch und physiologisch be-

gründeten Triebkräften und dem Ich als regulierender Instanz. (Dabei ist das Ich keineswegs in allen Teilen gleichzusetzen mit Bewußtsein.) Die Summe der von den primären Objekten ausgehenden Ge- und Verbote, erweitert durch die spätere, soziale Umwelt verdichtet sich in dieser zu einer inneren Kontrollinstanz. Was zuvor von außen als Regel oder Verbot durch die soziale Abhängigkeit von den Eltern bestand, wird nun nach innen genommen, internalisiert. Dies geschieht weitgehend durch die Identifizierung des Kindes mit den Eltern, im entscheidenden Punkt der Frühentwicklung normalerweise durch die Identifizierung mit dem gleichgeschlechtlichen Elternteil. Durch diese Verinnerlichung der sozialen Gebote wird der zuvor bestehende, äußere Konflikt zwischen Triebwünschen und Sozialregeln zum inneren Konflikt. Die wahrscheinliche Reaktion der Umgebung auf die Durchsetzung unerlaubter und unerwünschter Triebforderungen wird vorausentworfen, antizipiert, und unter Rücksichtnahme auf die zu erwartenden sozialen Folgen werden diese Forderungen aufgeschoben, verdrängt, völliger Verzicht geleistet, oder sie werden durch andere Ersatzmöglichkeiten befriedigt. Die Sozialisierung des Individuums ist also eine in der Gemeinschaft der Primärgruppe erworbene Fähigkeit zur Kanalisierung von Triebbedürfnissen sowie zur Bahnung von Triebbefriedigungsmöglichkeiten, die sich im Verlauf der weiteren Entwicklung und unter den verschiedenen Erziehungs- und Umwelteinflüssen bis zu sozial bedeutungsvollen Sublimierungen im geistig seelischen Bereich entwickeln können.

Diese frühe Sozialisation wird begleitet und gefolgt vom Enkulturationsprozeß. Man versteht darunter die Übernahme von Verhaltensweisen, Symbolen, Gewohnheiten, Denk- und Vorstellungsinhalten, die für die Gesamtkultur, in der das Individuum aufwächst, charakteristisch sind (z. B. abendländisch-christliche Kulturvorstellungen im Gegensatz zu islamisch-orientalischen; nationale oder Stammesgewohnheiten etc.). Darüber hinaus umfaßt diese Entwicklung jedoch auch eine Anpassung an die spezifischen Gegebenheiten in der jeweiligen Subkultur, des sozialen Schichtmilieus und des jeweils individuellen Familienstils.

3. Die im Verlauf dieses Anpassungsvorganges erworbene Ich-Identität kann durch Regression, d. h. durch Rückgriff auf Verhaltensweisen früherer Entwicklungsstufen, jederzeit wieder verloren werden. Ob diese Identität stabil bleibt oder aufgegeben werden muß, hängt wesentlich von dem Funktionieren der erworbenen Abwehrmechanismen des Ich gegenüber den als gefährlich empfundenen Triebkräften ab.

4. Jede Ich-Erweiterung, d. h. die Gesamtheit der Lernprozesse, durch die das bisherige Identitätsbewußtsein beim Aufnehmen neuer Inhalte und durch das Vergleichen mit früheren Erfahrungen verändert wird, ist mit einer Krise des Selbstwertgefühles verbunden, die verschiedene Folgen haben kann.

5. Der Ausgang dieser Identitätskrise ist davon abhängig, in welcher Weise die neue Identität in der Zugehörigkeitsgruppe und in deren Verhältnis zu negativen oder positiven Bezugsgruppen *(reference groups)* begründet werden kann.

6. Widerstände, Dynamik und Übereinstimmung in Gruppen werden vom Umfang der in ihren Mitgliedern jeweils entstehenden, individuellen Identitätskrisen bestimmt. Lernprozesse des Individuums und der Gruppe als Gesamtheit stehen dabei in einem bestimmten, emotional begründeten Verhältnis zueinander. Der Begriff der »Dynamik« besagt dabei, daß sich innerhalb jeder Gruppe Prozesse abspielen, die auf der Beziehung der Mitglieder untereinander, gegenüber anderen vorgestell-

ten oder wirklichen Gruppen und Personen sowie gegenüber dem jeweiligen Gruppenleiter beruhen. Ein Konsens von Gruppenmitgliedern untereinander ist nur möglich durch eine mindestens vorübergehende Identifizierung oder Teil-Identifizierung. Im allgemeinen identifiziert sich der Erwachsene nicht mehr mit dem Gesamtverhalten eines anderen Menschen (— außer in der Verliebtheit vorübergehend —), sondern nur mit bestimmten Anteilen, z. B. Redeweise, Formulierungen, Gefühlstönungen, Bewegungen u. a. m.

Unabhängig von Sprachkontakten und wahrgenommenen Meinungsäußerungen stellen die präverbalen (wortlosen, stummen) Kontakte, d. h. Mimik, Gestik, Gesichtsausdruck und unbewußte Mitbewegungen, einen Teil der allgemeinen Information innerhalb einer Lerngruppe dar. Aufgrund dieser Beobachtung und Wahrnehmung stuft jedes Mitglied einer Gruppe sich selbst und die anderen Mitglieder zunächst weitgehend unbewußt in ein bestimmtes Gefüge ein, wie es sich etwa im Soziogramm nachweisen läßt. Dies geschieht unabhängig von den jeweils den Arbeitsinhalt einer Gruppe bestimmenden Lehrstoffen. (Solche primären Beziehungsfelder lassen sich z. B. schon früh durch ein Soziogramm bewußt machen. Wichtig ist die absolute Anonymität und Diskretion.) Fordert man die Mitglieder einer Gruppe am Anfang auf, in vorbereitete Formulare der gewohnten Sitzordnung mit verschiedenen Farben die von ihnen an sich selbst und bei anderen beobachteten und vermuteten Beziehungen einzuzeichnen (— z. B. blau = Sympathie, rot = Antipathie oder Befürchtung von Ärger, Streit und Rivalität, grün = neutral unbestimmtes Gefühl —), so kann der Gruppenleiter die Gesamtheit der dargestellten Linien an die Tafel zeichnen, ohne daß die individuelle Stellungnahme irgendeines Mitgliedes erkennbar wird. Die Gesamtheit der Gruppenmitglieder ist jedoch dann durch die aus den Einzeldarstellungen sich summierenden Linien konkret damit konfrontiert, wie die vorläufigen Gefühlsbeziehungen aussehen, so daß sie an den sich darstellenden Beziehungsfeldern arbeiten können. Das Soziogramm ist eines der Hilfsmittel, mit dem sich besonders im Anfang emotionale Probleme der Gruppe bearbeiten lassen, die den weiteren Fortgang der Arbeit behindern könnten.

Natürlich bestehen keineswegs nur die formalen Kontakte innerhalb der Lerngruppe in Anwesenheit des Gruppenleiters. Vielmehr haben die informellen Kommunikationen vor Beginn oder am Ende einer Arbeitsgruppe erhebliche Bedeutung. Sowohl die allgemeine Information der Teilnehmer untereinander z. B. auch das Ausschließen oder Einbeziehen bestimmter Mitglieder, wie auch die Mitteilung von Klatsch oder Gerüchten und der Meinungsaustausch über den Gruppenleiter selbst erfüllen bestimmte Funktionen für die Kommunikationsbedürfnisse und das Wachstum des Zugehörigkeitsgefühles der Gruppenmitglieder.

Vergegenwärtigen wir uns zunächst die psychologische Situation eines Teilnehmers an einem Kurs der Erwachsenenbildung an einem einfachen Beispiel, das noch nicht die Schwierigkeiten der Arbeitsgruppe enthält. Der potentielle Hörer eines Vortrages beobachtet und bemerkt bereits vor dem Erreichen des Vortragsraumes Mitmenschen, die er auf seine innere Annahme hin prüft, ob sie gleich ihm den erwarteten Vortrag besuchen könnten. Dies Gefühl verstärkt sich, je mehr er sich dem Ort der Veranstaltung nähert. Er entwickelt dabei ein bestimmtes, emotional begründetes, auf Vorerfahrungen und Vorurteilen seiner früheren psychosozialen Realität beruhendes Beziehungsgefüge zum Vortragenden, zum Einführenden, zu den in seiner Nähe befindlichen bekannten oder unbekannten Mithörern, zum Raum, zu den wahrgenommenen Gesprächsinhalten und Vorgängen innerhalb seines Beziehungsfeldes. Seine Wahrnehmung kann dabei wie durch einen Filter von der jeweiligen Gestimmtheit, von unbewußten Grundannahmen und Gefühlseinstellungen verändert werden und in bestimmter Weise von der Realität abweichen bzw. Vorgänge der

Realität in tendenziöser Weise isolieren oder entsprechend einfärben. Die Bezugspunkte sind hier individuell sehr verschieden besetzt, je nach dem psychischen Entwicklungsstand und dem bestehenden Realwissen gegenüber dem vorgetragenen Inhalt. Der Hörer identifiziert sich sowohl mit Teilinhalten des Vorgetragenen, wie mit anderen Hörern oder Diskussionsteilnehmern und deren Verhalten, während zugleich auch andere Teilinhalte oder Vortragsteilnehmer von ihm abgelehnt werden, die weitgehend aus dem Bewußtsein ausgeschlossen werden sollen, weil der Hörer sich damit nicht identifizieren kann, ohne seine eigene bisherige Identität, d. h. zuviele gewohnte Einstellungen seiner Bewußtseinslage aufgeben zu müssen. Seine Suchtendenz strebt dabei eine Bestätigung der in ihm selbst auftauchenden, vorbewußten Inhalte und Assoziationen an. Er prüft gleichsam den ihm angebotenen Inhalt darauf, wie weit er ihn aus seiner bisherigen Bewußtseinslage bejahen oder verneinen kann. Geschieht im angebotenen Inhalt das Umgekehrte, d. h. werden die von ihm bislang bejahten Tendenzen verneint und seine bisher verneinten bejaht, so gerät er dabei in einen Ambivalenzkonflikt und versucht die daraus resultierende Unruhe oder Angst zu bewältigen. Der Hörer gerät in Zweifel über die Richtigkeit seiner bisherigen Denkweisen und Verhaltensformen, empfindet jedoch diesen Vorgang als außerordentlich unangenehm, weil er ihn in Unsicherheit stürzt. Seine Reaktionsweise wird umso zwiespältiger sein, je mehr der Vortragsinhalt auf bestimmte, individuelle Voreinstellungen trifft, die zuvor als konflikthaft erlebt wurden. Gegen jede Mobilisation solcher Konflikte, die in seiner früheren Erfahrungswelt durch bestimmte Abwehrmechanismen dem Bewußtsein ferngehalten wurden (Verdrängung, Verleugnung, Projektion usw.), wird er zunächst mit den gleichen Abwehrmechanismen reagieren, und zwar solange, bis ihm durch ein entlastendes methodisches Vorgehen genügend angstfreie Hilfen angeboten werden, sich mit den abgewehrten, neuen Inhalten allmählich vertraut zu machen und schließlich sich mit ihnen zu identifizieren.

Betrachtet man diesen Ablauf, der zunächst nur die Einbahnkommunikation eines vom Thema bestimmten Vortrages skizziert, genauer, so wird deutlich, daß der dynamische, d. h. der innerseelische Ablauf der im Beziehungsfeld stattfindenden Vorgänge und Wahrnehmungen weitgehend von den unbewußten primären Objektbeziehungen mitbestimmt wird. Die Möglichkeiten emotionaler Reaktionen der Erwachsenen sind nicht so vielfältig, wie wir allgemein annehmen. Die Grundgefühle der Angst vor Abweisung, vor Liebesverlust oder Verringerung der Selbstbestätigung, die Gefühle der Eifersucht und Rivalität oder der Anlehnung, der Wunsch nach Dominanz (Überlegenheit) und die Angst vor Submission (Unterwerfung) bleiben im Vergleich zu den sozialen Befürchtungen und Erwartungen von Kindern gleichgeartet. Der Erwachsene entwickelt zwar differenziertere Formen als das Kind, d. h. er kann seine inneren Gefühlsresonanzen weitgehend beherrschen, verbergen oder rationalisieren, also in abstrakte Begriffe übersetzen oder vordergründig vernünftige Motivationen für sie finden, aber die Mobilisation der primären, unbewußten, emotionalen Objektbeziehungen wird dabei genauso wenig verhindert, wie etwa bei den Wirkungen unbemerkter, stillschweigender Vorurteile. Vielmehr bleibt das frühe Abwehr- und Schutzsystem, das vom Ich gegen die stets mögliche Gefährdung durch Triebimpulse entwickelt wurde, auch hier weitgehend erhalten.

Man könnte nun fragen: Welcher abstrakte Inhalt eines Volkshochschulvortrages — wenn er nicht gerade das Thema der Entwicklungspsychologie zum Gegenstand hat —, soll solche Resonanzwirkungen hervorrufen? Politik, Geschichte, Gegenstände deren Tatsacheninhalte völlig rational sind, bewirken doch keine emotionalen Resonanzen. Von der Oberfläche her gesehen scheint das richtig zu sein, bei näherer Betrachtung jedoch falsch. Um einen Inhalt verstehen zu können, sind wir gezwungen, den Gedankenablauf und den angebotenen Inhalt mit- und nachzuvollziehen. D. h. wir müssen uns zumindesten vorübergehend mit dem Vortragenden oder dem Autor identifizieren. Es gibt kaum einen Zweifel, daß dies nicht gleichmäßig allen Menschen auf dieselbe Weise gelingt, weil die verschiedensten Inhalte beim einzelnen sehr verschiedene Assoziationen auslösen, vor allem jedoch auch auf heftigen Widerstand stoßen, wenn das Angebot etwa zu viele neuartige Vorstellungen für ihn enthält. Man kann versuchen, im didaktischen Aufbau durch die Aufgliederung des Stoffes, durch ein schrittweises Angebot voneinander ableitbarer Gedanken, Beispiele, durch Erörterungen der möglichen Irrtümer und Mißverständnisse, auf die zu erwartenden Reaktionen Rücksicht zu nehmen. Fragt man jedoch, warum der einzelne Volkshochschulleiter bestimmte Redner und Vortragende für „zugkräftig", andere dagegen für weniger überzeugend hält, so ließe sich eine ganze Skala von Gefühlseinstellungen nennen, deren Definition allerdings schon dem Befragten einige Schwierigkeiten bereiten würde, weil im allgemeinen solche „Erfahrungsprinzipien" keiner genaueren Reflexion unterliegen.

Wir nehmen mit Recht an, daß jede durch die Resonanz auf angebotene Inhalte entstehende Intensivierung und Mobilisation von Trieben jeweils die individuelle Abwehr verstärkt, solange sich keine reale Möglichkeit der Triebbefriedigung in der Außenwelt bietet, sondern der Befriedigung Aufschub erteilt werden muß. Wir können dann aber andererseits auch voraussetzen, daß jede Gefährdung des im individuellen Ich bestehenden, erworbenen Abwehrsystems Angst vor einem unkontrollierten Triebdurchbruch auslöst.

In diesem Zusammenhang sei ein kurzer Exkurs auf die vielbelächelten Einschläfer bei Vorträgen erlaubt. Sehr häufig wird dieses Einschlafen nicht etwa durch eine monotone oder didaktisch rücksichtslose Vortragsweise allein ausgelöst, die sich großzügig über den Hörer hinwegsetzt. Vielmehr handelt es sich um die erfolgreiche Abwehr aufkommender Triebimpulse. Ähnlich wie pubertierende Schüler während eines langweiligen Unterrichtes, dem sie aus sozialer Anpassungsbereitschaft und aus Angst vor Strafe gerne folgen möchten, in lustvolle Tagträume verfallen, wird in manchem Hörer unbewußt als Lernwiderstand ein heftiges Bedürfnis nach lustvoller Aktivität ausgelöst, das aktuell unterdrückt werden muß. Die aufgestaute Aktivität führt zu einem Umschlagphänomen, das ihn entgegen seiner bewußten Intention nun einschlafen läßt, gerade an dem Punkt, an dem er sich maximal durch Aktivität entladen möchte. Wenn wir auch

bei einem weitgehend zu passiver Aufnahme verurteilten Hörer
bereits mit aufgestauten und unterdrückten Triebenergien rechnen
müssen, die ihn zum einschlafen bringen, so können wir uns daran
etwa das Ausmaß der Frustration des enttäuschten Versagungs-
gefühls und der Erwartung vorstellen, das in einem Teilnehmer
entstehen kann, der mit dem Wunsch nach aktiver Betätigung und
Auseinandersetzung Mitglied einer Arbeitsgruppe wird, dort jedoch auch zum passiven Zuhören gezwungen ist. Von Bedeutung
ist diese Unterdrückung der mobilisierten Vitalenergie vor allem
deshalb, weil sie häufig unbewußt Angst und Unruhe erzeugt.
So werden je nach ihrem aktuellen Ausmaß zum Schutz der bestehenden Ich-Identität ältere, frühere, gröbere und undifferen-
ziertere Formen der Abwehr mobilisiert, bei denen dann nicht
mehr zwischen der eigenen Resonanz auf einen neuen Inhalt und
dem Inhalt selbst, sowie auch nicht zwischen der Person des Vortragenden oder Lehrenden und dem von ihm vorgetragenen Inhalt unterschieden werden kann.

In einem Vortrag und in der nachfolgenden Diskussion
wird z. B. über die Wandlungen der Sexualität und des
erotischen Stils gesprochen. Wesentlicher Inhalt des Vortrages und der Diskussion ist neben der Tatsachendarstel-
lung das Problem der seelischen Liebesfähigkeit des Menschen, d. h. es wird sehr viel über die Differenzierung und
Verfeinerung der Gefühlsvorgänge in der Partnerbeziehung
gesprochen, bezogen auf die biologischen Grundgegeben-
heiten der Sexualität. Die Diskussion erfolgt zunächst vom
Podium aus in lebhaftem Wechsel, ohne Monologe zwischen
vier fachlich verschieden vorgebildeten Diskussionsteilnehmern. Dann beteiligt sich das gesamte Auditorium. Nach
Schluß der Diskussion beklagt sich eine etwa fünfundvierzig-
jährige Pädagogin, daß den ganzen Abend nur von „Sexus“,
aber niemals von »Eros“ geredet worden sei. Es ist nicht
Zweck dieses Beispiels, die individuellen Gründe solcher
Wahrnehmungseinschränkungen zu untersuchen. Hier soll
lediglich auf die überall jederzeit einer ruhigen Beobachtung
zugängliche Tatsache hingewiesen werden, wie leicht es unter
der mit einem Inhalt verbundenen unbewußten Gefühls-

belastung auch bei formal intelligenten Menschen zu einer Regression kommen kann, die eine Vergröberung der Abwehr — im vorliegenden Falle eine Verleugnung —, hervorruft, um sich dann sekundär eines projizierten Schuldvorwurfes zu bedienen, der nach der bewegten Klage dahingehend formuliert wurde: „Die haben gar nicht über Eros gesprochen, aber die Psychologen drücken sich ja immer um alles herum!" Die für viele andere Diskussionsteilnehmer zugängliche Realität wurde hier ausgeschlossen und in der Richtung eines bestehenden affektiven Vorurteils verändert und beurteilt.

Zum vorausgeschickten Beispiel muß noch ergänzt werden, daß die Betreffende ihre Identität wesentlich aus der Zugehörigkeit zu einer stark moralisierenden Bezugsgruppe ableitete, deren intensive Bemühungen auf eine Verbotseinengung aller nach ihrer Meinung generell weitgehend verwahrlosten Jugendlichen abzielte.

Es ist gewiß nicht Aufgabe der Erwachsenenbildung, auftauchende regressive Tendenzen der Hörer näher zu untersuchen, aber sie muß in der aktiven Arbeit in Gruppen umso mehr mit solchen Vorgängen rechnen. Wenn solche Erscheinungen bereits in der weitaus undifferenzierteren Struktur eines Vortrages auftreten können, so entsteht eine Grundfrage der Erwachsenenbildung: Wie weit ermöglicht sie überhaupt Wege, eine bessere Realitätskontrolle zu erlernen und damit bestehendes Verhalten zu ändern? Eng damit verbunden ist die bisher ungeklärte Frage, wieweit die Angebote der Erwachsenenbildung von den verschiedensten Gruppen dazu benutzt werden, um dadurch lediglich eine Bestätigung bestehender, jedoch durchaus irreal begründeter Meinungen zu erhalten, d. h. eine Teilauswahl der angebotenen Inhalte nach den Gesichtspunkten tendenziöser und vorurteilsgebundener Wahrnehmungen vorzunehmen. Dies würde die Gefahr konformistischer, falscher Harmonisierungstendenzen eher verstärken.

Grundthese der bisherigen Erwachsenenbildung ist es demgegenüber, daß die Vortragsreihe einer bestimmten Thematik oder das einzelne Vortragsangebot als Anstoß für die sich anschließende Arbeit in Gruppen verschiedenster Art zu verstehen ist. Andernfalls würde nur die Einbahnkommunikation mit einem fast rein passiv-rezeptiven Lernen und einer rein intellektuellen Teilreproduktion fortgesetzt und damit zu einer Infantilisierung der Erwachsenen beigetragen.

Die Erfahrungen der Universität und anderer beruflicher Weiterbildungseinrichtungen zeigen deutlich, daß der Vortrag nicht nur wenig wirklich integrierbares Wissen vermittelt, sondern auch bedenkliche Mängel in der Persönlichkeitsbildung hervorruft, die nicht zuletzt politisch gefährliche Konsequenzen nach sich ziehen können. Hätte die Schule etwa die Ansätze *Lewin's* zum sozialintegrativen Gruppenunterricht weiterentwickelt, dann könnte die weiterführende Erwachsenenbildung auf einer besseren Basis aufbauen. Das erweist sich z. B. an den Konsequenzen einer überwiegend primär auf das soziale Gruppenverhalten gerichteten Erziehung in England, Holland oder Frankreich, die sehr früh emotionale Lernwiderstände bei Kindern aufzuheben vermag, während solche Widerstände im deutschen Schulsystem bislang, besonders in den weiterführenden Schulen mitunter geradezu gezüchtet werden. Hier wirkt sich die aus ideologischen Gründen erzwungene Absperrung von pädagogisch einschlägigen, weil sozialpsychologischen Wissenschaftsgebieten nachteilig aus. Deshalb wäre hier eine Fortbildung notwendig, die sich um die Mobilisation eines Problembewußtseins bemüht, das auch den Pädagogen deutlich macht, wie sehr sie mit gruppendynamischen Prozessen rechnen müssen und wie sehr ihre Kenntnis für den Unterricht hilfreich ist.

Die Chance der Erwachsenenbildung besteht demgegenüber in der Arbeit mit Kleingruppen. In diesem dynamischen Modell vielfacher mitmenschlicher Beziehungsmöglichkeiten konstelliert sich der vorstrukturierte, ursprüngliche familiäre Lernprozeß von neuem. Die Identität kann unter Mobilisation aller Reminiszenzen an die Primärgruppe, durch eine allmählich wachsende und sich verändernde Selbstwahrnehmung langsam erweitert werden. Die Realitätsprüfung verbessert sich dabei durch die veränderte, mehr als zuvor realisierte Selbstwahrnehmung. Würde dies plötzlich geschehen, vor allem aber unter isolierter Herausnahme eines einzigen Individuums aus einer großen Gruppe ohne den vorstrukturierten Zusammenhalt und die Stärkung durch eine Kleingruppe, so könnte der einzelne darauf nur mit allen Zeichen der Sozialangst reagieren. Wir haben festgestellt, daß die Identität des einzelnen von ihm weitgehend aus dem Bewußtsein seiner Zugehörigkeit zu einer Gruppe abgeleitet wird, mit deren Zielen und Inhalten er sich identisch fühlt und übereinstimmt, wofür er die Bestätigung seiner Individualität von den Mitgliedern seiner Gruppe erhält.

Der Mensch ist in seiner biologischen und psychologischen Entwicklung sehr lange auf die Hilfe, Unterstützung und Zuwendung seiner sozialen Umgebung angewiesen. Er muß sich an die primäre Gruppe anpassen, wenn er überleben will. Die Furcht, von dieser Zugehörigkeit ausgeschlossen zu werden, veranlaßt das Individuum, die Standardregulationen und die Verhaltensweisen, die von der Primärgruppe jeweils vorgeschrieben werden, weitgehend zu akzeptieren und selber auch als späteres inneres Regulativ zu übernehmen. Die Entschädigung und Befriedigung (Gratifikation) für diese Anpassungsleistung besteht in einem Gefühl der Geborgenheit, wie es sich normalerweise in der Zugehörigkeit zur Primärgruppe entwickelt. Daraus entsteht mit zunehmendem Wachstum ein realistisches Bewußtsein der wechselseitigen Abhängigkeiten, wodurch das zuvor bestehende, weitgehend infantile Abhängigkeitsgefühl aufgehoben wird. Dennoch bleibt eine gewisse narzißtische Bedürftigkeit erhalten, d. h. das Gefühl des Angewiesenseins auf die Bestätigung der Selbstliebe und Selbstachtung durch andere wirkt das ganze Leben hindurch fort, und zwar meist umso mehr, je stärker auf die Befriedigung von Triebmöglichkeiten um der anderen oder um der Gesellschaft willen verzichtet wird. Nur wenige Menschen ertragen Versagungen ihrer Selbstbestätigung oder verfügen über ein ausreichendes „Stehvermögen in der Erfolglosigkeit"[1]).

Bei der Anpassungsleistung an die Primärgruppe sind also die soziale Angst und der Wunsch nach Bestätigung entscheidend beteiligt. Nach dem gleichen sozialen Modell erfolgt zunächst unbewußt auch die spätere Anpassung an sekundäre Gruppen. Ziel dieser Anpassung ist es wiederum, ein Gleichgewicht zwischen der Befriedigung eigener Bedürfnisse durch die Zugehörigkeit zur Gruppe einerseits und der Identifizierung mit ihren Standardnormen oder -regeln andererseits herbeizuführen. Gleichzeitig erwartet man eine Belohnung durch die Gruppe für die zurückgestellten, innerhalb der Gruppennormen nicht tolerierten Befriedigungswünsche. Dieser Teilverzicht ist nur solange möglich, als ein Gleichgewicht zwischen dieser Verzichtsfreiwilligkeit und der dafür erfolgenden Befriedigung durch die Gruppe gewahrt bleibt. Der stillschweigende Konsens einer Gruppe, weitgehend in diesem Punkt konforme Mitglieder zu haben, beruht jedoch in der Realität auf einer Täuschung. Ursache dieser Täuschung ist der Wunsch aller Gruppenmitglieder, die Einordnung in das gewohnte System der Familiengruppe *(family-group)*, wiederherzustellen, wenn gleich dieser Wunsch dabei keineswegs bewußt wird.

Die Vermeidung von aggressiven Impulsen (Neid, Rivalität, Konkurrenz in dem Bedürfnis nach Bestätigung) innerhalb der Gruppe wird, wie es *S. Freud*[2]) dargestellt hat, durch eine weitgehende Identifizierung der Gruppenmitglieder untereinander erreicht. Das bedingt, wie später zu erörtern sein wird, sehr häufig die Notwendigkeit einer negativen Bezugsgruppe im Bewußtsein der Gruppenmitglieder, auf die alle aggressiven Wünsche nach außen projiziert werden können.

Die beobachtbare und oft beschriebene Erscheinung, daß neugebildete Gruppen sich unter bestimmten Umständen scheinbar so verhalten, daß sie als Ganzes Ähnlichkeit mit dem Verhalten eines Kleinkindes haben[3]), muß jedoch relativ unverständlich bleiben, solange man die aus dem bisher Dargestellten sich ergebenden Folgerungen nicht berücksichtigt, die dieses Verhalten einer Gruppe überhaupt erst herbeiführen.

Der Verbindungsweg zum Verständnis dieser irrationalen Verhaltensweise von Gruppen, — unabhängig von Arbeitsziel und Stoffwahl, liegt in der anthropologischen Gemeinsamkeit der Abwehrmechanismen, die erst eine Sozialisierung und Enkulturation des Individuums ermöglichen. In der primären, infantilen Erlebnisweise erfährt jeder Mensch als Kleinkind Triebimpulse, die ihn zur Aktion veranlassen. Sein Angewiesensein auf die emotionale Zuwendung seiner Umgebung, die sich mit Nahrung und Pflege verbindet, macht ihn primär abhängig. Diese ursprünglich rein physiologische Abhängigkeit verbindet sich durch die ständige Wiederkehr von Erwartung und Erfüllung im Akt der frühen, affektiven Zuwendung, die gewöhnlich mit der Ernährung und Pflege erfolgt. Der Konflikt, diese Zuneigung, Anlehnung und affektive Zufuhr, deren der Mensch von seiten seiner Umgebung bedürftig ist, aufgrund der diesen Anlehnungswünschen genau entgegengesetzten, aggressiv-destruktiven Triebimpulse zu verlieren, verstärkt einerseits die abhängige Bedürftigkeit, zwingt jedoch andererseits gleichzeitig zu einer erhöhten Abwehr, Verdrängung und Unterdrückung aller aggressiven Impulse. Die Ambivalenz, also die Zwiespältigkeit zwischen allgemein sexuell-lustvoll getönten Anlehnungswünschen und aggressiv-zerstörerischen, feindlichen Impulsen bleibt so lange bestehen, wie kein bewußtes Unterscheiden und Handeln möglich ist, das entweder sublimierte Triebbefriedigungen beider Triebrichtungen miteinander vermischt, oder zugunsten der Befriedigung des einen Triebwunsches mindestens vorübergehend auf die Verwirklichung des anderen verzichten kann. (Dies kennzeichnet etwa das englische Sprichwort: *You can not eat the cake and have it.*)

Erinnern wir uns nun der Tatsache, daß jede Erweiterung des Bewußtseins eine Veränderung des Ich und damit eine Identitätskrise mit sich bringt, so wird auch deutlicher, welcher Vorgang sich beim Herauslösen aus der Primärgruppe und bei der Anpassung an eine neue Gruppe tatsächlich abspielt. Es handelt sich um einen vielschichtigen Prozeß:

Das bisherige Ich gibt Teile seiner gewohnten Identität auf. Der Schritt vom Individuum zur Gruppe stellt wie zuvor beschrieben das Verlassen einer Matrix dar, das mit einem neuen, im Ausgang durchaus ungewissen Anpassungsprozeß an unbekannte Bedingungen verbunden ist. Von der Erlebnisseite her ist dabei gleichgültig, welche rationale Begründung mit diesem Wechsel jeweils verbunden ist. Die sekundäre Bedeutung der jeweils spezifischen Lerninhalte wird später dargestellt werden. Der Kursteilnehmer in der Erwachsenenbildung, der zu einer neuen Gruppe stößt, begibt sich in eine für ihn zunächst völlig ungewisse Situation. Er gibt freiwillig einen Teil der gewohnten Identität auf, die er unter ihm unbekannten Menschen von neuem begründen und in Frage stellen lassen muß. Er ist dabei keineswegs sicher, daß ihm seine bisher bestehende Identität, sein aus Fremdurteilen und Selbstwahrnehmungen gewonnenes Vorstellungsbild von sich selbst, bestätigt wird. Da sein Entschluß freiwillig ist, rechnet er mit der Möglichkeit, die Gruppe jederzeit wieder verlassen zu können, wenn sich weder ein Zugehörigkeitsgefühl für ihn entwickelt, noch sein Suchinteresse befriedigt wird.

Dieser Schritt, eine in der Entwicklung befindliche Gruppe als Teilnehmer wieder zu verlassen, geht auf spezifische psychische Grundsituationen zurück. Werden sie vom Gruppenleiter rechtzeitig erkannt, so kann er eine Aufspaltung oder einen Zerfall der Arbeitsgruppe verhindern. Berücksichtigt er jedoch diese Gegebenheit nicht, so kann es trotz intensiver Bemühungen um die sachliche Arbeit und trotz interessanter Wissensangebote zu einer Auflösung der Gruppe und damit zum Scheitern eines Kurses kommen. Deshalb erscheint es angebracht, die hier gemeinten Grundsituationen im folgenden näher darzustellen.

Es kann sich einmal um eine regressive Fluchttendenz handeln. Fühlt sich das Individuum durch die Mehrheit der Teilnehmer einer Gruppe abgelehnt, so wird es verschieden darauf reagieren. Eine mögliche Reaktion ist die Umkehr der befürchteten Ablehnung durch ihre Verleugnung und die Feststellung, das Individuum selbst lehne die Mitglieder der Gruppe ab. Umgekehrt kann ein Einzelmitglied eine innere Ablehnung gegenüber der Gesamtheit der anderen Teilnehmer so verdrängen, daß es in der Projektion, d. h. in der subjektiv gültigen Vorstellung, so erscheint, als ob nicht das Individuum die anderen ablehne, sondern daß es von den anderen abgelehnt werde. In beiden Fällen liegt das Motiv in einer subjektiven Kränkung der Eigenliebe, weil der Betreffende im Mittelpunkt des Interesses stehen möchte. Gelingt es ihm nicht, diesen Status zu erreichen, so zieht er sich zurück und versucht, in eine Situation zu flüchten, die ihm die Beibehaltung seiner zuvor bestehenden Identität ermöglicht, d. h. es macht sich ein Rückzug in den zuvor bestehenden Bezugsrahmen, eine Regressionstendenz, geltend.

Eine andere Verhaltensmöglichkeit ist, daß das Individuum die Gruppe verläßt, weil es die von der Gruppe geforderte Konformität und Solidarität ablehnt. Es stellt sich im Interesse seiner eigenen Individuation in einen Gegensatz zur Gruppe. Dies kann nur dann eintreten, wenn das Mitglied zuvor mit den übrigen Teilnehmern einige Zeit weitgehend übereinstimmte, sich jedoch in seiner eigenständigen Entwicklung späterhin behindert fühlt. D. h. auch hier muß zuvor die bestehende Gruppe zu einer neuen Matrix geworden sein, die aber nun in der Form verlassen wird, wie etwa die Primärgruppe durch den Übergang in eine Sekundärgruppe ebenfalls verlassen werden mußte.

Vergleicht man diese beiden psychologischen Vorgänge miteinander, wodurch immer sie im einzelnen ausgelöst werden mögen, so wird eine gewisse Ähnlichkeit mit den vorgeprägten Erlebnissen in der Primärgruppe sichtbar. Bei der Regressionstendenz geht die von der Gruppe ausgelöste Angst auf die Notwendigkeit zurück, die Individualität durch die Anpassung an die jeweilige Gruppennorm zu verändern. Das entspricht psychologisch etwa der Situation des Kleinkindes, das neue Objektbeziehungen über die ursprüngliche Zweiersituation (Mutter - Kind) und Dreiersituation (Mutter - Kind - Vater) hinaus entwickeln muß, um andere Sozialbeziehungen angstfrei bewältigen zu können. Gekränkter Rückzug und das Bestreben, mit infantilen Mitteln um Aufmerksamkeit, Bestätigung und Anlehnungsmöglichkeiten zu werben, sind diagnostische Kriterien für die Gruppendynamik.

Die progressive Tendenz entspricht dagegen mehr der ersten und zweiten Ablösungs- und Verselbständigungsphase innerhalb der Primärgruppe. Sie ist oft der frühen und der puberalen späteren Trotzphase ähnlich, in der eine innere und äußere Unabhängigkeit gegen die zuvor als bergende Matrix erlebte Primärgruppe entwickelt wird.

Mit beiden Situationen sind bestimmte seelische Phänomene verbunden. Während die regressive Fluchttendenz aus der Angst vor einem Verlust der Nähe entsteht, entwickelt sich die progressive Fluchttendenz gerade umgekehrt aus der Angst vor zu großer Nähe. Entsprechend verlaufen die Gefühle bei der regressiven Tendenz mehr in Richtung der Verlassenheitsängste wie sie vor allem bei kleinen Kindern auftreten, bei der progressiven Tendenz haben sie dagegen mehr paranoide Inhalte des Verfolgt-, Bestraft-, Geächtet- und Isoliert-Werdens, wie dies eher bei Jugendlichen festzustellen ist.

Diese Gefühle wiederholen unbewußt tatsächlich die Erlebnisse der frühen Objektbeziehungen, d. h. der einzelne Teilnehmer befürchtet, ohne daß ihm dies voll bewußt wird, daß sich alle früheren, negativen und schmerzlichen Erfahrungen wiederholen werden, während er zugleich hofft, daß sich seine positiven Erwartungen erfüllen. Beobachtet man diesen Vorgang genauer, so wird daran deutlich, daß die Mitgliedschaft in einer Lerngruppe keineswegs nur der Aufnahme oder Einübung theoretischen Wissens oder praktisch technischer Kenntnisse dient, sondern der Weiterentwicklung sozialer Fähigkeiten, die erprobt werden sollen, um zuvor bestehende, inzwischen unbewußt gewordene, d. h. verdrängte, frühere traumatische Situationen neu zu konstellieren und endlich bewältigen zu können. Wird man sich dieses Vorganges bewußt, so trifft den Leiter einer Arbeitsgruppe allerdings eine viel größere Verantwortung, als er gewöhnlich in der Beschränkung auf die Rolle des Wissensvermittlers subjektiv glaubt. (Das gilt natürlich in noch größerem Maße für den Schulerzieher, obgleich bis heute im Gegensatz zu anderen Ländern ein heftiger Widerstand gegen die Entwicklung eines hierfür ausreichenden Problembewußtseins besteht.)

Die dritte Möglichkeit ist außerordentlich selten, kann jedoch bei sehr aggressiven und weitgehend unbewußt handelnden Gruppen gelegentlich eintreten. Da alle menschlichen Gruppen, wenn sie sich durch Mißerfolge in der Kooperation oder in der Lösung von Konflikten in ihrem Zusammenhalt bedroht fühlen, ihre momentanen aggressiven Gefühle hauptsächlich darauf richten, einen Schuldigen für diesen Vorgang als Opfer und Sündenbock zu finden, ist es möglich, daß ein Mitglied einer Gruppe unter sehr hohen Druck gesetzt wird. Ist der Gruppenleiter z. B. unerfahren oder verkennt er die sich entwickelnde Dynamik, so kann es dazu kommen, daß die individuelle Abwehrkraft des zum Sündenbock gemachten Mitgliedes unter dem Druck allmählich zusammenbricht. Dabei geschieht wiederum etwas aus der kindlichen Entwicklungspsychologie Bekanntes und beim Kinde durchaus normal zu Wertendes, das beim Erwachsenen jedoch als Zusammenbruch angesehen werden muß.

Das betreffende Individuum erlebt nämlich unter der hohen Belastung der Identitätskrise plötzlich die Realität als irrelevant und beginnt, seine Phantasie und seine eigenen Vorstellungen für die Wirklichkeit zu halten. Dies trennt subjektiv die Zugehörigkeit zur Gruppe, bewirkt aber auch eine weitgehende Auflösung der Identität. Solche vorübergehenden, fast wahnhaften Krisen führen dann innerlich zu einer Ablösung von der Gruppe, wobei den übrigen Gruppenmitgliedern meist erst sehr viel später bewußt wird, daß sie selbst das Ausscheiden des betreffenden Teilnehmers durch ihr Verhalten herbeigeführt haben, um sich für die vermeintliche oder tatsächlich erlittene Frustration zu rächen. Auch diese Situation hat Ähnlichkeit mit dem Verhalten des Kindes, wenn es in der Primärgruppe unter sehr hohen Aggressionsdruck gerät. Es flieht in die Phantasiewelt und erklärt sie zur gültigen Realität. Wie wenig ein allgemeines, soziales Problembewußtsein für diesen Verhaltensstil entwickelt wurde, läßt sich daran ablesen, mit welcher naiven Unbewußtheit im täglichen Leben in vielen Gruppen der Industrie, des Handels oder der Politik der Konsens einer frustrierten Gruppe ein dazu ausersehenes Opfer im wahrsten Sinne des Wortes umbringt. Wir neigen dazu, dies dann auf die jeweilige, persönliche seelische Struktur des »Opfers« zurückzuführen. Das ist jedoch objektiv falsch, wie später bei der Darstellung der dynamischen Vorgänge in Gruppen näher zu erläutern sein wird.

Man könnte folgern, daß ein weiterer Weg auch noch der Wechsel in eine andere Gruppe sein könnte. Tatsächlich geschieht dies äußerlich häufig. Es würde jedoch nur die Richtigkeit der Beobachtung bestätigen, daß sowohl der erste wie der zweite Weg für das Ich eine größere Bedrohung darstellen, als der wiederholte Versuch, die gewohnte Art der zuvor bestehenden Objektbeziehung ohne Veränderung des Abwehrsystems in immer neuen Gruppen zu erproben. Genau betrachtet stellt dieser Schritt, d. h. der Wechsel von einer Gruppe in eine weitere und so fort, nur Varianten derselben Reaktion dar. Es handelt sich dabei um einen unbewußten Wiederholungszwang, d. h. es wird immer wieder die gleiche psychologische Situation in einer neuen Gruppe hergestellt, d a m i t keine wirkliche Veränderung eintritt. Dies erscheint oft nach außen als große Flexibilität, enthält jedoch gerade keinen Lernvorgang, sondern eine intensive Abwehr aller Veränderungsmöglichkeiten. So progressiv dieses Wechselverhalten als Anpassungsleistung auch zunächst erscheint, seine psychologische Tendenz ist in Wirklichkeit regressiv, da gerade die Bindung oder Auseinandersetzung mit konkreten Objekten auf diese Weise vermieden werden soll.

Das hier beschriebene Verhaltensmuster des Individuums in einer Gruppe bzw. seine Motivationen machen verständlich, wie es zu einer Gesetzmäßigkeit des Gruppenverhaltens kommen kann, das sich in der Gruppendynamik beobachten läßt.

Es muß noch einmal wiederholt werden, daß der einfache Rückschluß, eine Gruppe verhalte sich ähnlich wie ein Individuum, solange willkürlich und unlogisch bleibt, als man die vorstrukturierte Primärsituation unbeachtet läßt. Dieser zu schnelle Rückschluß bzw. eine ungenaue Analogie zwischen Individuum und Gruppe mag mit dazu beigetragen haben, daß gegenüber manchen Richtungen oder Tendenzen der Gruppendynamik der Vorwurf des Magischen oder Konformistischen erhoben worden ist. Damit verbindet sich oft der Irrtum, diese Methode ziele auf einen Gruppenkonformismus ab, was berechtigterweise Bedenken erregen würde. Hinzu kommt, daß zahlreiche Darstellungen, insbesondere manche pragmatischen Anweisungen tatsächlich noch Manipulationstendenzen enthalten, die aus anderen sozialen Erziehungsformen übernommen wurden, weil der vorbewußte und unbewußte Hintergrund des Geschehens mißverstanden oder vernachlässigt wurde. Daraus resultiert dann eine Art von manipulatorischer Pädagogik. Das aufgeklärte Bewußtsein wehrt sich daher zu Recht gegen die Annahme einer »Gruppenseele« als einer eigenständigen Entität.

Man muß also zunächst stets unterscheiden zwischen den Bewußtseinsdifferenzen der rationalen Reflexionen aller Mitglieder einer Gruppe, die über die Art der Beziehungen oder den Arbeitsgegenstand und die Inhalte der Arbeitsgruppe bestehen können und der anderen, emotionalen unbewußten Ebene, auf der die Gruppenmitglieder gemeinsame Grundannahmen haben, die aus entwicklungspsychologischen Ursachen entstehen. Die Grundannahmen lassen sich aus folgenden Beobachtungen ablesen, die in jeder Gruppe, unabhängig vom Arbeitsinhalt, Lerngegenstand und intellektuellen Niveau jederzeit von neuem gleichzeitig nebeneinander oder nacheinander der im Wechsel auftretend feststellbar sind:

1. Die Mitglieder einer Gruppe nehmen an, daß ihr Leiter allmächtig sei und alles wisse. Sie behaupten hartnäckig ihre völlige A b h ä n g i g k e i t von ihm.

2. Die Mitglieder einer Gruppe versuchen, einen K a m p f aller Teilnehmer untereinander und gegen den Gruppenleiter zu eröffnen in der Annahme, durch diesen Kampf könne eine Verminderung der Mitgliederzahl erreicht und dadurch die Befriedigung des einzelnen Mitgliedes relativ vergrößert werden.

3. Die Mitglieder einer Gruppe als Ganzes oder als Einzelne versuchen, sich der gestellten Aufgabe durch F l u c h t in ein anderes Thema oder in ein abweichendes Verhalten zu entziehen.

4. Die Mitglieder einer Gruppe fördern, unterstützen oder verhindern entstehende P a a r b i l d u n g e n *(pairing)* einzelner Mitglieder in der Erwartung, dadurch könne eine bessere Bewältigung des Gegenstandes entstehen.

Dabei wird einzelnen Paaren vorübergehend völlig passiv die Führung überlassen, während die übrigen Teilnehmer sich jeder Mitarbeit durch Flucht und Rückzug entziehen.

Damit ist die Vorstellung verbunden, durch die geförderte Paarbildung sei eine besonders einmalige, neue Lösung des Problemes zu erwarten. Da dies in der Realität nicht der Fall ist, wird nach einiger Zeit das betreffende Paar für die eintretende Enttäuschung und nicht ausreichende Lösung verantwortlich gemacht.

Diese Grundannahmen einer Gruppe, wobei hier nicht die Gruppe als Entität, sondern als vorübergehender Konsens ihrer Mitglieder gemeint ist, Abhängigkeit, Kampf/Flucht, Paarbildung und „messianische Erwartung"[4]) stellen schon Vorstrukturierungen dar. Wir kennen diesen Vorgang aus den psychoanalytischen Forschungen der letzten 40 Jahre in vielen Details. A. Mitscherlich hat die enge Verflochtenheit der primären Anpassung mit den sozialen Lernvorgängen und dem jeweiligen Problembewußtsein der Gesellschaft ausführlich dargestellt[5]).

Die den irrationalen Grundannahmen in der kindlichen Entwicklung entsprechenden Vorgänge sind etwa folgende:

1. Die Erwartungshaltung des Kleinkindes gegenüber einem übermächtigen Erwachsenen, auf dessen Hilfe es angewiesen ist, dem es sich auf Gedeih und Verderb ausgeliefert fühlt und den es in der Phantasie mit einer Allmacht ausstattet.

2. Die Trotz- und Kampfhaltung des Kleinkindes in der ersten und die gleiche Haltung des Pubertierenden in der zweiten Trotzphase, die sich vom Erwachsenen ablösen möchte, ihre innere Abhängigkeit jedoch beibehält und aus dem Gefühl der Ohnmacht dann an anderen, Schwächeren (jüngeren Geschwistern oder Großeltern) Rache nehmen will.

3. Die Fluchttendenz des Ausreißers in der frühen Kindheit und die Ausweichtendenz in der Pubertät, die eine

tatsächlich bestehende Gebundenheit an den Erwachsenen überkompensiert, sich von den gestellten Aufgaben und Forderungen zurückzieht, um sich aus Opposition anderem zuzuwenden, durch das die innere Abhängigkeit verleugnet werden soll.

4. Die Paarbildung des Kleinkindes mit dem gegengeschlechtlichen Elternteil in der Phantasie (ödipale Phantasie), die kompensatorischen, an die Stelle dieser Phantasien tretenden, heterosexuellen oder homoerotischen Paarbildungen der späteren Kindheit und Pubertät durch deren Anlehnungscharakter der nicht bewältigte Ablösungskonflikt von den primären Objekten ausgeglichen werden soll[6]).

Es wird später noch auf weitere, mit diesen irrationalen Grundannahmen verbundene Phantasien und Folgerungen einzugehen sein. Als vorläufige Zusammenfassung aller Beobachtungen können wir hier formulieren:

Das Individuum sucht nach Möglichkeit in der Gruppenzugehörigkeit zunächst seine Identität durch Wiederherstellung ähnlicher oder gleicher Verhaltensweisen und Gefühle beizubehalten, die es in den Beziehungen der Primärgruppe an den ursprünglichen Objekten erfahren und erworben hat. In diesem Versuch verändert der Einzelne als Mitglied einer Gruppe die Realität auf selektive Weise, d. h. er sieht in dieser Gruppe zunächst nur Ausschnitte der Wirklichkeit, die ihm selbst aufgrund seiner Vorerfahrungen bedeutsam erscheinen. Um der Zugehörigkeit willen zum Aufschub und zur Unterdrückung sowohl libidinöser, wie auch aggressiver Triebregungen gezwungen, wie sie sich an den Objekten der Primärgruppe ursprünglich ausgebildet haben, regrediert das einzelne Gruppenmitglied unbewußt, unabhängig von seiner intellektuellen Einsicht, emotional auf frühere Ebenen seiner Erwartungsvorstellungen. Auf dieser bedeutet Wissen zugleich Nahrung, die der Gruppenleiter den Mitgliedern gibt oder vorenthält. Seine Zuwendung zum einzelnen Gruppenmitglied, gleichgültig welcher Art und welcher rationalen Inhalte, bedeutet dann ein Mehr an Zufuhr für den Betreffenden gegenüber anderen. Die Abwendung vom einzelnen Gruppenmitglied, wiederum unabhängig vom verbalen oder rationalen Inhalt, bedeutet dagegen eine Verringerung der Zufuhr gegenüber Gruppenmitgliedern. Es hängt von der jeweiligen narzißtischen Bedürftigkeit der einzelnen Gruppenmitglieder ab, wieweit sie dies als Bestätigung oder Verminderung ihres Selbstwertgefühles erleben. Das primäre Modell von Gewährung und Versagung bezieht sich jedoch keineswegs nur auf den Leiter der Gruppe, sondern in der Erwartung ihm gegenüber zugleich auch auf die anderen Mitglieder, die dann eine wichtige Bedeutung hinsichtlich möglicher Ersatzbefriedigungen bekommen, wenn sich der einzelne Teilnehmer vom Gruppenleiter frustriert fühlt.

Wenn die Art der Wünsche im einzelnen Mitglied einer Gruppe auch variiert, entsprechend dem Beziehungsbild der Primärgruppe, die Grundstrebung aller Mitglieder ist doch die gleiche: Die Aufmerksamkeit des Gruppenleiters zu erreichen, seine Zuwendung, und zwar eine möglichst spezielle Zufuhr auf eine den individuellen Wünschen und Erwartungen möglichst optimale entsprechende Weise zu bekommen. Dies ist irreal, denn auch der beste Gruppenleiter wird solche Erwartungen nicht erfüllen können. Daran würde ihn schon die gleichzeitige Kontrolle hindern, in welchem Umfang etwa andere Gruppenmitglieder solche Zuwendungen tolerieren werden, ohne dabei Rivalitätsgefühle und Konkurrenzkämpfe zu entfachen. Das ist die reale Ausgangssituation jeder sich neu bildenden Gruppe, welches Ziel sie immer auch rational verfolgen mag. Der Verlauf der Gruppe, die Wahrscheinlichkeit, das gesteckte Ziel zu erreichen oder zu verfehlen, hängt wesentlich davon ab, wieweit der Gruppenleiter als Beobachter diese Dynamik wahrnimmt und sich selbst darauf einstellt.

[1]) *David Riesman:* Freud und die Psychoanalyse. Frankfurt 1965, S. 106.
[2]) *S. Freud:* Massenpsychologie, a.a.O., S. 128.
[3]) z. B. *M. S. Knowles* a.a.O., S. 71—73.
[4]) *W. Bion:* Experiences in Groups. London 1961.
[5]) *A. Mitscherlich:* Auf dem Wege zur vaterlosen Gesellschaft. München 1963.
[6]) *T. Brocher:* Das Ich und die Anderen in Familie und Gesellschaft. Bonz, Stuttgart 1967.

LERNPROZESS UND FÜHRUNGSSTIL

Die zuvor bereits dargestellten Forschungsergebnisse *Lewin's*, *Lippit's* und *White's* zur Bedeutung des Führungsstils bekamen für die Gruppenforschung vor allem deshalb erhebliches Gewicht, weil sie insbesondere den Einfluß des jeweiligen Führungsstils auf den Lernprozeß und die Lernergebnisse deutlich machten. Notwendigerweise muß jedoch das beste technische Instrument versagen, wenn man die Voraussetzungen seiner Handhabung zu wenig in die praktischen Überlegungen einbezieht. So hat der Versuch, etwa die häufig anempfohlenen Rollenspiele oder die Bienenkorbmethode anzuwenden, zwar sehr viel Nachahmung in der Praxis der Gruppenarbeit gefunden, das Ergebnis erschien jedoch oft enttäuschend, weil die tieferen Zusammenhänge der systematischen Prozeßanalyse dabei übersehen wurden. Dies hängt auch mit der Tatsache zusammen, daß Gruppendynamik im soziologischen Bereich mehr behavioristisch oder von der formalen Bewußtseinsseite her aufgefaßt wird, wie es der Position der Soziologie entspricht, von der aus das Individuum als eine feste Einheit im Bezugsfeld des wissenschaftlichen Systems erscheint. Die psychoanalytische Forschung zeigte dagegen, daß diese formale Annahme einer Ergänzung bedarf.

Das menschliche Ich ist keineswegs eine unveränderliche Größe, sondern eine Variable im sozialen Prozeß, die durch den mit wechselndem Erfolg geführten Abwehrkampf gegen die Triebe mitbestimmt wird. Das bedeutet eine Unterscheidung der Gruppendynamik von der Bewußtseinspsychologie und Pädagogik auf der einen und von der formalen wie behavioristischen Soziologie auf der anderen Seite. Gruppendynamik als Versuch einer »Führung durch die Gruppe« ohne ausreichende Beobachtung des vorbewußten und des unbewußten Bereiches, kann tatsächlich leicht zu jenem »Gemetzel« oder »Blutbad« führen, deren Fama halb augurenhaft belächelt, halb schauerlich berichtet, der Erörterung der Methode vorausläuft. Auch die Gefahr der naiven, unbewußten Manipulation, wenn auch mit bester Absicht, ist kaum auszuschließen, solange nicht die zum Umgang mit dem Unbewußten und mit vorbewußten Prozessen erforderlichen Regeln beachtet werden. Diese Regeln beziehen sich weniger auf die Erklärung, als auf die Wahrnehmungsfähigkeit. Man kann sich heute auch nicht mehr allein mit dem Ergebnis der von *Lewin* beschriebenen drei verschiedenen Führungsstile zufriedengeben, ohne die Rückkoppelungswirkung *(feed back)* auf die einzelnen Gruppenmitglieder und den Leiter einer Gruppe mit in die systematischen Überlegungen einzubeziehen. Man versteht unter diesem Begriff, der in der deutschen Sprache mit Rückkoppelung nicht ausreichend übersetzt ist, die Tatsache, daß jedes Verhalten eines Menschen in anderen Menschen Wirkungen und Reaktionen auslösen kann, die nicht den bewußten Absichten des Betreffenden entsprechen.

Der ursprüngliche, technische Begriff des *»feed back«* bezeichnet die Überschneidung zweier oder mehrerer Reglerkreise, durch die es zu einem Effekt kommt, wie wir ihn etwa vom drahtlosen Empfänger als Pfeifton kennen. Dieses Bild ist deshalb übernommen worden, weil es sich ähnlich wie beim Funk um unsichtbare Vorgänge handelt, bei denen Erregungsfelder miteinander in Berührung kommen und dadurch wahrnehmbare Reaktionen auslösen. Von *S. Freud* stammt der Vergleich des Verhältnisses zwischen Bewußtsein und Unbewußtem mit einem Eisberg. *Freud* nahm an, daß der größere Anteil des seelischen Lebens gleichsam unterhalb der Oberfläche liegt, während der herausragende, kleinere Teil etwa unserem Bewußtsein entspricht. Die Vorstellung des *feed back* soll die Beobachtung kennzeichnen, daß bestimmte, wesentlich affektive Rückkoppelungswirkungen in den menschlichen Beziehungen unvermeidlich eintreten.

Der Begriff bezeichnet jedoch auch im engeren Sinne die Bereitschaft von Gruppenmitgliedern innerhalb einer Gruppe beim Experimentieren mit der gruppendynamischen Methode sowohl die Feststellungen anderer über die eigene Wirkung innerlich anzunehmen und zu prüfen, wie umgekehrt offen und sachlich einem anderen Gruppenmitglied auf eine entsprechende Frage hin Auskunft zu geben, wie seine Verhaltensweise wahrgenommen, verstanden und erlebt wird. Nur auf diesem Wege ist es möglich, die Fremdwahrnehmung mit der Selbstwahrnehmung systematisch zu vergleichen. Wenn alle Gruppenmitglieder zunehmend bereit sind, sich gegenseitig solche Hilfen zu geben, so werden die Möglichkeiten des voneinander Lernens in erheblichem Umfang wachsen. Vor allem handelt es sich dabei um einen affektiven Lernvorgang, weil Aggressionen oder Rache- und Vergeltungsbedürfnisse sich genauso aufheben wie etwa die Angst vor einer Kränkung der Eigenliebe, wenn man die von anderen wahrgenommene und mitgeteilte Wirklichkeit anerkennt. Obwohl a l l e Gruppenmitglieder, einschließlich des Gruppenleiters, auf die Dauer von dieser Wirkung betroffen werden, entsteht keine Konformität, weil eine realistische Anerkennung der vollständigen Verschiedenheit der einzelnen Gruppenmitglieder voneinander bewußt werden kann. Gerade dadurch werden auch die individuell verschiedenen Fähigkeiten der einzelnen Individuen für die Arbeitsziele der Gruppe nützlich, weil die Anerkennung dieser Differenz zur Erhaltung der Gruppe als Ganzes durch eine Verbesserung der emotionalen Beziehungen beiträgt.

So sollte es in der Erwachsenenbildung selbstverständliche Wissensvoraussetzung des Lehrenden sein, daß eine ausschließlich passive Rezeption im autokratischen Führungsstil notwendigerweise Vergeltungswünsche der Gruppenmitglieder mobilisiert, die sie nach voraussehbarem Ablauf am Lehrenden selbst, an den schwächeren Gruppenmitgliedern und, wo dies nicht möglich ist, außerhalb der Gruppe in der Familie oder in anderen Gruppen zu befriedigen versuchen. Das Ansteigen der Aggression, der Feindlichkeit gegeneinander und der destruktiven Tendenz gegenüber neu gefundenen Sündenböcken, — resultierend aus einem ausschließlich autokratisch geführten Unterricht —, ist aus dem Vergeltungsdrang von Schulklassen jüngeren Lehrern gegenüber oder als verstärkte, allgemeine, vandalistisch-destruktive Tendenz heute zu sehr bekannt, um als direkte Folge eines »tüchtigen«

Unterrichtsstils noch übersehen werden zu können. Gleichwohl gibt es auch in der Erwachsenenbildung noch jene »tüchtige Zielstrebigkeit«, bei der ein Stoff scheinbar mühelos bewältigt wird. Dabei wird jedoch allzu leicht übersehen, wieviel durch die ausschließliche Befriedigung eigener Bedürfnisse des Lehrenden an Deformationen in der Lerngruppe ausgelöst werden kann. Freilich wird die Einbahn-Kommunikation des reinen Lehrens bei der Vermittlung von Wissen, je nach dem Stoff, zunächst oft nicht zu vermeiden sein, jedoch sollte auf das Gleichgewicht zwischen passiv-rezeptivem und aktiv-konstruktivem Lernen durch eigenes Fragen, Handeln und Denken mehr geachtet werden, da nachweislich der Wissensstoff auf diese Weise sich nicht nur leichter im Gedächtnis verankert, sondern darüber hinaus durch die geringere Frustrationsgefahr auch unnötige Lernwiderstände verringert werden. Der Prototyp des narzißtischen Schulerziehers, der die Unkenntnis seiner Schüler zur Hebung des eigenen Selbstbewußtseins mißbraucht, ist wohl in der Erwachsenenbildung weitgehend auszuschließen, da diese unreflektierte Naivität sich im Umgang mit Erwachsenen auf die Dauer nicht halten ließe, ohne sich auf die Teilnehmerzahl und das Interesse auszuwirken. Aber vielleicht ist die Möglichkeit des aktiven Lernens durch Referat- und Problemverteilung mit lebendigen, realitätsgerechten Fragestellungen und Diskussionen auf sehr viel mehr Stoffgebieten anwendbar, als man annimmt, wenn die Grundregeln der gruppendynamischen Prozeßanalyse vom Lehrenden genauer beachtet werden. Gewiß ist dies jeweils von der Flexibilität, der Selbsteinsicht und der Wandelbarkeit des Lehrenden weitgehend abhängig. Für die Erwachsenenbildung gilt jedoch das allgemeine Prinzip der Erziehung wohl noch im größeren Umfang, daß eine Pädagogik nicht viel taugen kann, die nur den Zögling, jedoch nicht den Erzieher verändert[1]).

Die Gefahren des autokratischen Dirigismus in der Erwachsenenbildung sind von *Knowles*[2]) ausführlich dargestellt. Es bedarf keiner Betonung, daß alle Gefahren der Heranbildung autoritärer, d. h. machtgläubiger Persönlichkeiten gegeben sind, deren Abhängigkeit und Richtungslosigkeit durch die vorausgegangene

»straffe Führung«, die im übrigen nur eine Fortsetzung heute vielfach noch üblicher pädagogischer Methoden ist, die beste Vorbereitung für eine wohlangepaßte Gefolgsmannschaft jeder Diktatur
wäre. Der Wiederholungszwang eigener, primärer Erlebnisse und
Erfahrungen verleitet auch hier den Mitarbeiter der Erwachsenenbildung zu einem falschen Perfektionsideal, bei dem die Wirkungen und Folgen des eigenen Verhaltens in der Realität wenig
bedacht werden. Überblickt man die von *Theodor Adorno* und
seinen Mitarbeitern[3]) ausführlich beschriebene, aus solchen Erziehungsformen resultierende Anfälligkeit für negative Vorurteile
gegenüber Fremdgruppen und die neuerdings von *Hoffmann*[4])
dargestellten aus den gleichen Ursachen resultierende moralische
Labilität, so muß man betonen, daß mit falschen Verfahren den
Bemühungen der Erwachsenenbildung um bessere Einsicht und
demokratisches Verhalten ein schlechter Dienst geleistet würde,
wenn man nicht auf eine Erweiterung und Sensibilisierung des
Problembewußtseins aller in diesem Bereich Tätigen dringen
würde. Die Selbstwahrnehmung und Selbstkorrektur wird ohnehin sehr viel mehr Zeit in Anspruch nehmen, als man naiverweise
voraussetzt. In vielen Fällen wird sie ohne ausreichende Fremd-
beobachtung oder Tonbandanalyse überhaupt nicht zustandekom-
men, weil häufig die Fähigkeiten und Organe für die Selbstwahrnehmung gar nicht ausgebildet sind. Oft werden solche Prüfungen
der eigenen Realität vielmehr noch als Zumutung an die Selbst-
gewißheit empfunden. Im übrigen muß die allgemein in unserer
Gesellschaft verdrängte Aggressionstendenz außerordentlich groß
sein, wenn konstruktive, hilfreiche und methodische Kritik in
solchem Ausmaß als narzißtische Kränkung mißverstanden werden kann.

Unsere Gesellschaft ist kaum in Gefahr, einem laissez-faire-Stil
in der Führung und Erziehung als Gegenteil autokratischer Tendenzen allzu breiten Raum zu geben.

Dieser Führungsstil, der zunächst freiheitlich wirkt, trägt in Wirklichkeit genauso zur Infantilisierung bei wie der autokratische,
weil er die Absicht des Lernenden nicht ernst nimmt. Die mit
diesem Stil zum Ausdruck gebrachte Anschauung, die Lernenden

müßten selbst das Richtige finden, ist in Wahrheit unecht. Vielmehr mißachtet der Führende bei diesem Stil seine unvermeidliche Beteiligung am Lernprozeß durch eigenes Engagement, indem er sich selbst aus diesem Prozeß herauszunehmen versucht. Der laissez-faire-Stil ist eigentlich ein bösartiges Mißverstehen demokratischer Ziele. Er ist sicher in Deutschland nicht zufällig als Reaktion auf die zuvor ausschließlich autoritäre Erziehungsmethode des Nationalsozialismus aufgetaucht. Hinter dieser scheinbar absoluten Freizügigkeit steht jedoch eine bedenkliche Gleichgültigkeit der Führenden, die entweder die eigene Resignation oder den Narzißmus, oder die feindlich aggressive Einstellung gegenüber den Lernenden tarnen soll. Auf einer tieferen Ebene besteht das Problem darin, daß der Lehrende eigentlich die anderen hindern will, zu erreichen, was er selbst erreicht hat oder sich darüber hinaus entwickeln zu können. Freiheit in der Erziehung verleitet allzu häufig zum Mißverständnis einer bindungslosen Freizügigkeit. Viele destruktive Vergeltungswünsche Jugendlicher, die in dieser irreführenden und irrtümlich für freiheitlich gehaltenen Erziehungsform aufwachsen mußten, — eine häufige Enttäuschungsreaktion vieler Erzieher auf den sozialen Wandel nach den Kriegen —, beruhen auf ihrem Bedürfnis, endlich auf irgendeine Weise Bindung erleben zu können und sei es nur durch eine negative Verbundenheit in der Zerstörung oder in der darauf folgenden Bestrafung. Die laissez-faire-Methode zerstört also nicht nur gegebene Gruppenzusammenhänge, die eine Bearbeitung des Stoffes erleichtern würden, sie destruiert vielmehr in großem Umfange die moralische Qualität mitmenschlicher Verbundenheit und überantwortet das Individuum einer Einsamkeit, durch die es zu einer regressiven Anklammerungstendenz getrieben wird. Das scheinbar Libidinöse solcher Gruppen, der gelegentliche Hedonismus und die daraus resultierende scheinbare sexuelle Freizügigkeit offenbaren lediglich die eingetretenen Regressionen.

Der laissez-faire-Stil überantwortet die Mitglieder einer Gruppe ihren Trieben. Seine Gefahr liegt einerseits in der triebhaften Antwort, aber auch in dem sekundären Bedürfnis nach erneuter Führung durch autoritär-autokratische Gewalt von außen, die von den im Innern entstandenen Schuldgefühlen entlasten soll. Auch dies ist letztlich dann eine Vorbereitung zur Diktatur.

Dieser falsche Freizügigkeitsstil wird auch in der Erwachsenenbildung häufig noch als »modern«, »befreiend« oder »kreativ« mit dem sozial-integrativen, demokratischen Führungsstil verwechselt. Auch hier wäre eine Wandlung nur möglich durch die einfache, aber zu selten gestellte Frage, was eigentlich der Lehrende mit den sich ihm Anvertrauenden tatsächlich macht. Gemeint dabei ist nicht, wie oder auf welche Weise er sie beschäftigt, sondern die Grundfrage des mitmenschlichen Umganges von Einem mit einem Anderen. Diese Frage wird auch in der Erwachsenenbildung noch zu wenig gestellt, d. h. das Kommunikationsverhältnis ist meist zu naiv, zu unreflektiert, ohne zu fragen: „Was mache ich eigentlich mit dieser Gruppe und was machen die Menschen dieser Gruppe mit mir?"

Es liegt nahe, vor dieser Frage in die Bewältigung eines Stoffplanes auszuweichen, aber die damit verbundenen Probleme sind unauflösbar mit den Kommunikationen verschränkt. Die Stoffbewältigung kann nur gelingen, wenn die Aufgabe eines Miteinander bewußt bleibt und Beachtung findet und umgekehrt. Es handelt sich um zwei Ebenen des Lernprozesses, die in ihrer Wechselwirkung verstanden werden müssen, soll eine „Lehre" wirksam werden, wenn sich auch eine reine Bewußtseinspsychologie vordergründig vorspiegeln mag, daß wir im Lernprozeß die Prägungen der emotionalen Vorerfahrung für die rationale Entwicklung außer acht lassen und übergehen könnten. Zur Aufnahme von Informationen gehört eine psychische Verfassung, die dieses Informationsmaterial seiner realen Bedeutung entsprechend aufnehmen und verarbeiten kann. Vernachlässigen wir jedoch die Ebene der gleichzeitig ablaufenden, emotionalen Prozesse, so übersehen wir, daß reales Informationsmaterial eine irrationale, emotionale Bedeutung und affektive Besetzungen bekommen kann, die außerhalb der Realität liegen. Dadurch werden die tatsächlich gegebenen Zusammenhänge verändert, während mit der auf diese Weise entstehenden Ambivalenz der Bedeutungsinhalte Abwehrmechanismen mobilisiert werden können, die jede Fortsetzung eines realen Lernprozesses unwahrscheinlich machen.

Die Methodik der Prozeßanalyse in der Gruppendynamik dient der Verhinderung dieses Vorganges. Wir verstehen darunter die sorgfältige Beobachtung sowohl der averbalen Reaktionen, wie der in Worten zum Ausdruck kommenden Inhaltsveränderungen. Berücksichtigt man die im ersten Kapitel dargestellten Zusammenhänge, so bleibt dem Lehrenden bewußt, daß er seine Aufgabe der Stoffvermittlung innerhalb eines mitmenschlichen Gefüges lösen muß, in dem bestimmte Prozesse ablaufen. Diese Prozesse umfassen keineswegs nur rationale Lernvorgänge, sondern diese sind mit dem jeweiligen, emotionalen Beziehungsgefüge der Gruppenmitglieder verschränkt. Die gleichzeitig zu beobachtenden affektiven Prozesse signalisieren also viel genauer die Annahme oder den Widerstand gegen die zu erlernenden Inhalte als jede direkte Frage nach dem Verständnis, die sich nur an das Bewußtsein richtet. Der Lehrende hat hier ein sehr empfindliches Instrument der Realkontrolle dafür, wie er selbst wirkt und was für Wirkungen sowohl er wie die mitgeteilten Tatsachen auslösen.

Als allgemein bekannt darf man wohl die Erfahrung voraussetzen, daß der Lehrende eine jeweils größere oder geringere zähe Trägheit oder aber eine aufgeschlossene Bereitschaft in einer Arbeitsgruppe spürt. Sehr häufig wird dies an der eigenen Unlust gegenüber bestimmten Gruppen erlebt, während die Arbeit mit anderen Gruppen mehr Freude bereitet und leichter erscheint. Dabei wird übersehen, daß in solchen Gefühlen in Wirklichkeit der weitgehend unbewußte Prozeß positiver oder negativer Übertragungen und Gegenübertragungen wirksam wird, der auch im übrigen Alltagsleben von Bedeutung ist. Unter Übertragung verstehen wir hier die jeweilige vorbewußte oder unbewußt bleibende Mobilisation von Gefühlen, Erwartungen oder Befürchtungen, die durch die frühen Objektbeziehungen vorgeprägt sind, während die Gegenübertragung die gleichen Vorgänge beim Lehrenden bezeichnet.

Je weniger der Führungsstil die psychische Realität solcher affektiver Objektbeziehungen berücksichtigt, desto größer wird die

Gefahr eines Rückschrittes des Lernenden auf frühere Entwicklungsstufen des Ich und damit die Regression auf primitivere
Abwehrformen. Die frühere Auffassung, der Lehrstoff bilde den
entscheidenden Inhalt, die Technik des Lehrens sei zwar eine
notwendige Ergänzung, richte sich jedoch nach dem jeweils spezifischen Lehrstoff, erfährt bei konsequenter Anwendung gruppendynamischer Prinzipien fast eine Umkehr: Die Mitglieder
einer Gruppe (außer in der rein rezeptiven Einbahn-Kommunikation der klassischen, gelehrten Vorlesung) sind nicht ohne weiteres in der Lage, real zu lernen, bevor nicht ihre tatsächlichen
Beziehungen, Beziehungserwartungen und -befürchtungen untereinander und dem Lehrenden gegenüber so weit geklärt sind, daß
sie erwartungsfrei die Wirklichkeit wahrnehmen können.

Die Ausnahme im Einbahn-System der Vorlesung oder des Vortrages ist aber keineswegs ein Vorurteil, denn sie erhöht die Gefahr der Frustration, weil kein realer Kontakt zwischen dem
Vortragenden und dem Hörer besteht. Die Lebhaftigkeit der Diskussionen von Studenten und ihr Bedürfnis nach verstärkter Interaktion im Anschluß an »gelehrte« Vorlesungen erweisen jedoch
durchaus, daß der angebotene Stoff meist mehr auslöst, als nur
seine nüchterne, individuelle Verarbeitung. Das Erregende einer
Vorlesung ist genauso emotional, wie die Langeweile und die
affektiv betonte Abwertung. Es ist eine zwar weit verbreitete,
aber illusionäre Annahme, beim Vortrag und seiner Aufnahme
durch die Zuhörer handele es sich um rationale Prozesse ohne
affektive Begleiterscheinungen.

Die alte pädagogische Weisheit: »Angst macht dumm« bestätigt
sich hier aus viel tieferen Quellen. Die primäre Sozialangst der
frühen Objektbeziehungen, die Gefühle, Verdrängungsfolgen und
Abwehrformen der primären Zweierbeziehung (Mutter - Kind)
und der späteren Dreierbeziehung (Mutter - Kind - Vater) mit
allen, bis dahin ungelösten oder unaufgearbeiteten Folgekonflik-
ten, wirken an dieser Stelle deshalb störend ein, weil der Eintritt
in jede neue Gruppe und die Notwendigkeit des Lernprozesses
für jeden Lernenden eine Identitätskrise mit sich bringt, die hinter
allen Vorläufern ähnlicher Prozesse im Grunde die ursprüngliche

Erfahrung des ganz frühen Entwicklungsvorganges wiederholt. Dies wird an anderen, von vornherein stärker emotional besetzten Veränderungen der Identität wie etwa Verlobung, Eheschließung, Elternschaft, Tod eines Elternteils oder an einem so einfachen Vorgang wie Umzug oder Schulwechsel usw. nur deutlicher sichtbar, obgleich es sich auch hier um innere Lernprozesse handelt, die eine mit Identitätskrisen verbundene Veränderung der eigenen Persönlichkeit erfordern. Für den Erwachsenen stehen zwar seine rationalen Lernwünsche beim Besuch von Kursen und Arbeitsgruppen der Erwachsenenbildung scheinbar im Vordergrund. Dem aufmerksamen Beobachter wird jedoch nicht entgehen, daß das Bewußtsein tatsächlich lernen zu können, in weitaus größerem Umfange von der Bewältigung des mitmenschlichen Beziehungsfeldes abhängig ist, als von der formalen Intelligenz allein.

Die Angst eines Gruppenmitgliedes, mit einem Intelligenzquotienten von über 130 *(Hawie-Test)* z. B. sich in einer Gruppe zu blamieren, kann man freilich als nur neurotisch ansehen; sie offenbart aber zugleich, wie wenig die formale Intelligenzbegabung zu helfen vermag, solange die Beziehungsproblematik weder von der Gruppe noch von dem, durch infantile, emotionale Reminiszenzen behinderten, vielleicht früher einmal in bestimmter Weise traumatisierten Gruppenmitglied bewältigt ist.

Andererseits wird an solchen Beispielen extremer Angst oder extremer Kontakt- und Geltungsbedürfnisse gleichzeitig zweierlei deutlich:

1. Der Teilnehmer der Erwachsenenbildung sucht keineswegs nur Belehrung oder Bildung, sondern sehr viel häufiger ein neues Erprobungsfeld für mißlungene Entwicklungsschritte, die er unbewußt wiederholen möchte, in der Hoffnung, sie diesmal bewältigen zu können. Diese Hoffnung ist jedoch ambivalent. Gleichzeitig ist die Angst vorhanden, eine ähnliche Niederlage erleiden zu müssen wie zuvor. Der Teilnehmerkreis der Erwachsenenbildung, der unbewußt dieses Bedürfnis mitbringt, ist nicht gering, wie der nüchterne Beobachter einräumen wird. Diesen Men-

schen in der richtigen Weise Erfolgserlebnisse und Selbstbestätigungen in der Beziehung zu anderen zu vermitteln, sie vor dem
Mißbrauch als Sündenböcke und der Abweisung durch die Gruppe
zu bewahren, die ihre aggressiven Tendenzen durch solche masochistisch unbewußten Angebote befriedigt sehen möchte, scheint
eine nicht unbedeutende Aufgabe zu sein, wenn man die Erwachsenenbildung auch als ein Instrument der seelischen Hygiene ernst
nehmen will, das sie unweigerlich ist, solange sie Verhaltensänderungen oder Wandlungen der Einsicht und damit auch der
Gesinnungen anstrebt. Es ist hierzu keineswegs erforderlich, daß
jede Arbeitsgruppe in eine geheime Psychotherapie ausartet. Dies
kann auch nicht Ziel der Erwachsenenbildung sein. Die Prozeßanalyse der Gruppendynamik, vom verantwortlich Lehrenden
für sich selbst als Beobachter angewandt genügt jedoch vollauf,
um die zwanghafte Wiederholung von Unheil zu verhindern, weil
der Beobachter rechtzeitig Zustand und affektive Problemlage
des einzelnen Teilnehmers wahrzunehmen vermag. Freilich wird
dies ohne Selbstwahrnehmung und eine reflektierte Sensibilität
für das Tatsächliche einer Situation nur schwer gelingen.

2. Es wäre jedoch irrtümlich anzunehmen, die übrigen Gruppenmitglieder würden durch ein spezifisches Verhalten eines oder
mehrer Gruppenmitglieder nicht berührt. Die zumindest vorübergehende Identifizierung mit dem anderen ist die einzige
Möglichkeit der Verständigung, ohne die wir weder lernen, noch
je an einer dramatischen Handlung Anteil haben könnten. Eben
die Voraussetzung, daß menschliche Gefühle einen von Kindheit
an in der Geschichte der Menschheit fast gleichartigen Inventar
darstellen — wenn auch mit wechselnden, kulturellen Akzenten, —
berechtigt uns zu der durchaus zu belegenden Annahme, daß
jedes Gruppenmitglied über ähnliche Erfahrungen in seinen Objektbeziehungen verfügt, die auf verschiedene Weise aufgelöst
wurden. So wird dann durch die Verhaltensweise eines Mitgliedes
in allen anderen Mitgliedern der Gruppe stillschweigend der
gleiche Objektaspekt, d. h. die gleiche Art der Teilbeziehung unbewußt mobilisiert, wie sie ein einzelner Teilnehmer in seinem
Verhalten oder in seinen Äußerungen darstellt. Damit werden

aber zugleich auch die erworbenen Abwehrmechanismen aller Teilnehmer aktualisiert. Wir wissen aus den Arbeiten *Freud's*[5]) und zahlreicher späterer Arbeiten seiner Schüler, daß z. B. das Schlagen eines einzigen Kindes vor einer versammelten Klasse alle vorhandenen Kinder zur Identifizierung zwingt, wenn auch auf ambivalente Weise, d. h. sowohl mit dem Schlagenden wie mit dem Geschlagenen und ferner, die sexuelle Färbung der Schlagephantasie sowohl bejahend, als auch verleugnend.

Das gleiche geschieht auf andere Weise in jeder Lerngruppe: Jeder Teilnehmer vertritt und verkörpert für die anderen Mitglieder jeweils einen Teil der eigenen Art der Objektbeziehungen, gegen die sich Abwehr oder auf die sich bestimmte Befriedigungswünsche richten. Die diagnostische Schwierigkeit in therapeutischen Gruppen z. B. besteht gerade darin, zu erkennen, welche Abwehrform oder welcher Befriedigungswunsch in der vorübergehenden Identifizierung mit dem, die jeweilige Objektbeziehung repräsentierenden Gruppenmitglied in einer solchen Gruppe in der allgemeinen Phantasie besteht. Derartige Einsichten sind in Lern- und Arbeitsgruppen zwar nicht erforderlich. Jedoch sollte jeder Lehrende im Bewußtsein behalten, daß die Gruppe der Lernenden nur dann vorwärts schreiten kann, wenn sie alle, den Lernprozeß störenden a n g s t b e s e t z t e n Teilaspekte der Objektbeziehungen untereinander und zum Gruppenleiter so weit aufgearbeitet hat, daß sie sich relativ angstfrei der Realität zuwenden kann. Eine einfache Parallele ergibt sich in der Dunkelangst der Kinder, die oft bis in die Pubertät und Adoleszenz hinein anhält.

Auch eine ausdrückliche Verneinung der Angst bedeutet keineswegs, daß sie nicht erlebt würde. Angewandt auf das Beispiel einer Lerngruppe bedeutet dies, solange eine Gruppe nicht einen Konsens erreicht, etwa derart: Bei uns kann sich jeder blamieren, wie er mag, denn nur aus Fehlern kann man wirklich lernen, — ist zu erwarten, daß die Angstbesetzung des einen Teils und das konkurrierende Perfektionsbedürfnis des anderen Teils der Gruppe den Lernprozeß für alle Teilnehmer behindern. Die Übereinstimmung in der Gruppe besteht also gerade nicht, wie in einem völligen Mißverständnis der Gruppendynamik angenommen wird, in der illusorischen Aufbereitung eines freundlichen Gruppenkonformismus, sondern vielmehr in der Wahrnehmung der real vorhandenen Verschiedenheit der Gruppenmitglieder und ihrer Kapazitäten, ihrer unterschiedlichen Bereitschaft und Fähigkeit, deren Anerkennung und Nutzung dem einzelnen überhaupt erst reale Lernmöglichkeiten eröffnen können. Dieser Konsens der Anerkennung realer individueller Verschiedenheit hebt gerade den illusorischen Gruppenkonformismus auf, der bei einer autokratischen Führung entsteht und der dem Selbstschutz der Gruppenmitglieder und der Abwehr als gefährlich erlebter Triebimpulse dient. Die Verschiedenheit kann nun nicht nur angstfrei ertragen werden, sondern durch die übende, allmähliche Wandlung der zuvor triebhaft festgelegten Modi der Objektbeziehung differenzieren sich diese und können auf der emotionalen Ebene weiter entwickelt werden.

Der Führungsstil der Lehrenden wirkt also keineswegs auf der rationalen Ebene oder durch Wortbekundungen, sondern durch seine tatsächliche Haltung und Einstellung, die für alle wahrnehmbar ist. Erst auf diese Wahrnehmungen hin entstehen affektive Prozesse in der Gruppe, deren Entwicklungen im folgenden noch darzulegen sein wird.

ANMERKUNGEN

[1] *Martin Buber:* Reden über Erziehung (1919). Heidelberg 1956.
[2] *E. M. S. Knowles,* a.a.O. S. 76.
[3] *Th. Adorno, Fraenkel-Brunswick* u. a.: The Authoritarian Personality. New York 1958.
[4] *M. L. Hoffman* and *L. W. Hoffman:* Review of Child Development Research. New York 1964.
[5] *S. Freud:* Ein Kind wird geschlagen. Ges. Werke Bd. 12. Imago Publ., London 1940.
H. Zulliger: Über den Umgang mit dem kindlichen Gewissen. Stuttgart 1954.

Die Einsicht in die tatsächlichen Zusammenhänge zwischen Individualbeziehung und Gruppenzugehörigkeit vermag nun auch das weitverbreitete Mißverständnis auszuräumen, die Gruppendynamik sei eine Lehrmethode für sich. Zeigt beispielsweise das Entraînement Mental (EM) eine Lehrsystematik, die zwar auch sehr realistisch auf die psychischen Gegebenheiten des Menschen zugeschnitten ist, indem sie vor allem den Trägheitswiderstand, die Probleme der Assoziationsverankerung und die Schwierigkeit der Herstellung neuer Gedankenverbindungen berücksichtigt, wobei sie aber auf die Ordnung von Sachverhalten abzielt, so kann man ihr die Gruppendynamik nicht direkt gegenüberstellen, da diese sich nicht auf die Bewältigung eines Lehrstoffes allein richtet. Vielmehr dient sie der Bewältigung und Überwindung der in Lerngruppen sich summierenden Schwierigkeiten, sich dem Stoffangebot zu stellen. Es wird häufig übersehen, daß sich rationale Schwierigkeiten gegenüber der Stoffbewältigung s t e l l v e r t r e t e n d auf die Ebene der persönlichen Beziehungen verlagern und umgekehrt emotionale Übertragungsfaktoren im Feld der individuellen Gruppenprobleme rationalisiert und mit Stoffinhalten in Zusammenhang gebracht werden. Die Berücksichtigung der zweiten Ebene erleichtert es dem Lehrenden, solche häufig auftretenden Verschiebungen in ihren Ursachen zu erkennen und zu berücksichtigen. Darüber hinaus aber erscheint eine Einbeziehung gruppendynamischer Aspekte in die Arbeit der Erwachsenenbildung dann notwendig, wenn sie über die Vermittlung reinen Wissensstoffes hinaus in der Endkonsequenz Verhaltensweisen ändern will. Sie ist dann zu der nüchternen Überlegung gezwungen, auf welche Weise und mit welchen Methoden dies am besten erreichbar ist. Ohne

Zweifel wird man die Frage, ob Erwachsenenbildung stets dieses weitgesteckte Ziel anstrebt, zuvor entscheiden müssen. Auch dem Vorwurf einer verkappten Sozialtherapie — in welchem Sinne auch immer —, wird man sich vorher stellen müssen. Angesichts einer Welt, in der die zu bewältigenden Probleme, Tatsachen und Informationsdaten in unserer Umwelt täglich anwachsen und in ihrer Bedeutung immer schneller wechseln, wird man jedoch nicht umhin können, festzustellen, daß ein Mensch, der mit den Methoden von gestern für eine völlig andersartige Einsichten erfordernde Welt von morgen erzogen wurde, nicht nur ein Bildungsdefizit aufzuweisen hat, sondern darüber hinaus bei einer reinen Wissensvermittlung niemals durch eine umsichtige Lebenserziehung darauf vorbereitet worden ist, die zahlreichen Probleme der mitmenschlichen Beziehungen aus seinem emotionalen Grund heraus lösen zu können.

Die in der vorausgegangenen Erziehung vernachlässigte oder verleugnete Bedeutung der affektiven Vorgänge für den Lernprozeß, wie sie im ersten Kapitel dargelegt wurden, wird daher in einer weiterführenden Erwachsenenbildung besonders· dort in Erscheinung treten, wo aus einer rational gewonnenen Einsicht, neue, der zuvor bestehenden Identität zuwiderlaufende, Änderungen der Verhaltensweise erforderlich sind. Dies ist ohnehin ein anthropologisches Problem, das sich auf die einfache, bei *Hebbel*[1]) zu lesende Formel reduzieren ließe: „Der ich bin, grüßt wehmütig den, der ich sein möchte!"

Je schärfer die Forderung des Ich-Ideals von einem kollektiven Ideal perfektioniert erhoben wird, desto bedrückender muß sich dieser ohnehin aus der Kindheit gegebene und andauernde Konflikt zwischen Real-Ich und Ich-Ideal im Individuum abbilden. Da es sich um einen moralischen Konflikt handelt, bei dem das reale Ich seine mangelnde Kongruenz mit der geforderten Idealnorm als eigene Schwäche mit Schuldgefühlen und dem Eindruck des unwiederbringlich Versäumten erlebt, besteht die in verstärktem Ausmaß zu beobachtende Gefahr, diesen Konflikt durch Extrapunitivität zu lösen, d. h. den Bestrafungsvorwurf gegenüber dem eigenen Ich nach außen gegen andere, dritte zu richten.

Die Identifizierung eines schwachen Ich mit der Macht durch seine konformistische Zugehörigkeit zu einer machtausübenden Gruppe verbirgt das Ausmaß der Selbsttäuschung, während die Abwertung und die Feindlichkeit gegenüber Fremdgruppen die zur Entlastung des eigenen Schuldgefühls nach außen gerichtete Bestrafungstendenz (Extrapunitivität) offenbart.

Dieser Vorgang tritt auch in Lerngruppen auf. Allein die Befriedigung, Mitglied einer Lerngruppe zu sein, deren negativer Bezugsort alle »Nicht-Lerngruppen« sind, während als positive Bezugsgruppen alle Bildungsprivilegierten fungieren, die das zu Lernende bereits zuvor erworben haben, würde uns deutlich machen, daß diese psychosoziale Dynamik im Hintergrund oft der wesentliche Ausgangspunkt für das neu zu gewinnende Zugehörigkeitsbedürfnis ist. Hinzu kommt die ausführlich in ihren unbewußten Motiven dargestellte Tatsache, daß für jedes Individuum aus seiner Erfahrungswelt zunächst nur d i e Erfahrungen, Tatsachen und Verhaltensweisen von Bedeutung sind, die mit seinem spezifischen Konflikt zwischen Real-Ich und Ich-Ideal in einer bestimmten Beziehung stehen.

Auch hier in der Lerngruppe erlebt das Individuum positive Bezugspersonen, die seinem Ich-Ideal nahekommen und negative, die mehr oder minder seinem Real-Ich entsprechen oder, wie das Individuum glaubt, unter dem Niveau seiner eigenen Realität liegen. Letzteres wird jedoch nicht erkannt, sondern gegenüber dem negativen Bezugspunkt eines Gruppenmitgliedes erlebt sich der einzelne selbst in der Position seines Ich-Ideals und verleugnet die Tatsache, daß dieser andere seinem Real-Ich durchaus mehr entspricht. Man kann daran auch den jeweiligen Zwang zur Idealisierung ablesen, den eine Gesellschaft auf ihre Mitglieder ausübt. Tritt nämlich in einer Lerngruppe bei irgendeinem Mitglied eine Schwäche auf, die nicht dem kollektiv perfektionistischen Ideal entspricht, so verhält sich die Mehrzahl der Mitglieder so, als sei diese Schwäche — ein Nichtwissen oder Nichtkönnen —, fast mit einem sozialen Verstoß gegen die Norm gleichzusetzen. Die Mehrzahl der Gruppenmitglieder identifiziert sich selbst in solchen Augenblicken mit dem eigenen Ich-Ideal, das den kollektiven Idealforderungen entsprechen soll und erklärt die Schwäche des Einzelmitgliedes als Versagen.

Macht man die Probe aufs Exempel, so stellt man meist fest, daß eben diese Mehrzahl der Teilnehmer auch nicht in der Lage ist, die reale Anforderung zu erfüllen, die dem schwächeren Teilnehmer als Versagen zugerechnet wird. Diese Realität der fast gleichgearteten Schwäche kann jedoch offenbar vom individuellen Ich nicht eingeräumt werden, weil der einzelne die Differenz zwischen dem geforderten Ich-Ideal und dem realen Ich als gefährlichen Mangel erlebt, so daß er sich nicht mit dem Unwissenden oder Versagenden identifiziert, sondern die Illusion aufrechterhält, er selbst habe diesen Mangel nicht aufzuweisen und entspreche dem geforderten Ideal. Je mehr das kollektive Ideal als Normvorstellung behauptet wird, desto stärker ist die Angstspannung und damit die Abwehr gegen die Anerkennung der Realität, das Gefragte selbst auch nicht zu wissen oder zu können. Dies ist deshalb von Bedeutung, weil es den realen Lernprozeß erschwert. Könnten die Teilnehmer die falsche Idealisierung abbauen, so wären sie in der Lage, sich mit dem real unwissenden Mitglied zu identifizieren, ihm zu helfen oder die für sie selbst bestehende Notwendigkeit eines Lernprozesses einzuräumen. Damit könnten dann alle tatsächlich lernen. Solange jedoch bei irgendeinem Teilnehmer die Selbsttäuschung über die Differenz zwischen Ich-Ideal und Real-Ich zugunsten des ersteren aufrecht erhalten bleibt, wird sowohl die Wahrnehmung der Wirklichkeit wie die Lernfähigkeit aller behindert. Die falsche Idealisierung läßt dann Unkenntnis als Prestigeverlust erscheinen, nicht als natürlichen Ausgangspunkt für neue Lernbereitschaften. Prestigeverlust muß jedoch aus psychosozialen Gründen nach Möglichkeit verhindert werden. Real besteht kein Grund zu dieser Befürchtung. Der Idealisierungszwang jedoch läßt die Wirklichkeit in dieser verzerrten Form erscheinen. Die Rettung aus diesem Konflikt besteht in einer Übertragung des Ich-Ideal an den Gruppenleiter, dem dann jene Allwissenheit und Allmacht zugeschrieben wird, die das eigene unbewußte Ich-Ideal fordert.

Dieses Verhalten geht von der stillschweigenden Annahme einer

Abhängigkeit vom Gruppenleiter aus, der vom einzelnen die möglichst optimale Erfüllung einer phantasierten Idealnorm fordere. So bilden sich in jeder Gruppe Normen aus, die ein spezifisches Gruppenideal prägen. Dieses Ideal hat erheblichen Einfluß auf den Lernprozeß. Sind seine Forderungen zu hoch, so wird die reale Unerreichbarkeit dieses Ideals alle Teilnehmer soweit frustrieren, daß sie sich selbst nur als schwach und dumm erleben können. Die daraus resultierende Abwehr wird die Feindlichkeit und Aggressivität der Teilnehmer untereinander in der Gruppe erhöhen. Solche Gruppen verstärken in einer dauernden Suche nach Sündenböcken ihre Aggressivität und richten sie auf ein oder zwei Mitglieder, deren passive und schwächere Struktur sich zunächst dazu anbietet. Hierzu ein Beispiel:

> *Konrad Lorenz*[2]) beschreibt den bekannten Versuch der Überprüfung der sinnlichen Wahrnehmungsart von Pferden. Es soll überprüft werden, ob Pferde sich nach dem Geruch oder dem Erscheinungsbild orientieren. Beim Herannahen des Rudels an die Futterkrippe wurden die Pferde mit der Peitsche verjagt. Nach mehrfachen Versuchen, bei konstanter Frustration, jagten die Pferde schließlich im Rudel gemeinsam in die Ecke der Halle, stürzten sich auf ein dort stehendes, ausgestopftes Pferd (das wie die früheren, ausgestopften Pferdemodelle in Sattlereien mit Mottenpulver entsprechend präpariert war), schlugen mit Hufen darauf ein und verbissen das Fell. Dieses Experiment gab ursprünglich Aufschluß darüber, daß Pferde sich nach dem Gesichtssinn und nicht nach dem Geruch orientieren.

Dieses Beispiel aus dem Sozialverhalten von Pferden soll hier lediglich deutlich machen, daß der Mensch als »Alpha-Tier« (Gruppenleiter) wahrgenommen wird. Erfolgt eine Futterverweigerung, d. h. eine Frustration aus der Alpha-Position, so richtet sich die aus dieser Frustration resultierende Aggressionstendenz nicht gegen die Alpha-, sondern automatisch zunächst gegen die Omega-Position. In der Alltagssprache heißt es: »Wissen wird aufgenommen, verdaut, verarbeitet usw.« Diese Aufnahme von Wissen (z. B. »Nürnberger Trichter«) wird unbewußt gleichgesetzt mit Fütterung = Nahrungsangebot = etwas bekommen, mitnehmen, aufnehmen können oder nicht. Diese völlig unbewußte, fast automatische Wendung gegen die Omega-Position als Zeichen einer unterdrückten Aggression gegen die Alpha-Position wird an immer wiederkehrenden Beispielen in Gruppen erkennbar. Hier ein Beispiel von Volkshochschuldozenten[3]):

> Eine seit zwei Tagen intensiv arbeitende Gruppe hat Schwierigkeiten, einen ausreichenden Gruppenkonsens herzustellen. Die Gruppe droht unter den wechselnden Führungsansprüchen zu zerfallen. Der Versuch, den Gruppenleiter zur Führung zu veranlassen, scheitert an seinem Hinweis, daß die Führung eine Funktion sei, für die alle Mitglieder der Gruppe verantwortlich sind. Die wachsende Aggressionsspannung der Gruppe richtet sich plötzlich in einer scheinbaren, politischen Thematik gegen das älteste männliche Gruppenmitglied, das solange indirekt angegriffen wird, bis es den Raum unter jähem Protest verläßt. Erst die Bearbeitung der daraus resultierenden Schuldgefühle macht es den Gruppenmitgliedern möglich, einzusehen, daß die rationale, scheinbar politische Thematik lediglich der Befriedigung aufgestauter, emotionaler Probleme völlig anderer Art diente; die eigentlich gegen den Gruppenleiter gerichtete Aggression, die aus seiner Verweigerung der Führungsübernahme entstand, wird auf das älteste Gruppenmitglied verschoben.

Lassen diese Beispiele erkennen, daß es sich um ein allgemeines Gesetz handelt, dessen Kenntnis bei rechtzeitiger Wahrnehmung der auftretenden Symptome eine Bearbeitung der affektiven Probleme von Lernwiderständen ermöglicht, so wird andererseits gleichzeitig deutlich, wie wenig gemeinhin den psychischen Faktoren einer Lernsituation ausreichende Beachtung geschenkt wird. Fragt man sich umgekehrt — und dies ist ein häufiger Einwand vieler Mitarbeiter in der Erwachsenenbildung —, welche Fächer sich für die Arbeitsweise der Gruppendynamik eignen, so ist diese Fragestellung bereits als Mißverständnis und vielleicht sogar als möglicher Widerstand erkennbar, da sich die Methode ja keineswegs ausschließlich auf die Lernenden, sondern vor allem auf das Problembewußtsein des Lehrenden richtet.

Das Mißverständnis beruht auch darauf, die Gruppendynamik als eine ausschließliche oder ergänzende Methode anwenden zu wollen, während sie tatsächlich die entscheidende Grundlagenerkenntnis für die Entwicklung des Gefüges einer Gruppe durch den Leiter liefert. *Matzat*[4]) macht in der Diskussion des Entraînement mental als Methode mit Recht auf die verifizierbare Tatsache aufmerksam, daß „... einige Teilnehmer deshalb abschalten (können), weil sie aufgrund einer unzureichenden und geradezu falschen Apperzeption gar nicht wissen, wovon die Rede ist, andere hingegen mit völlig abwegigen Argumenten aufwarten, weil sie das Gehörte in falscher Erinnerung haben." Solches Fehlverhalten versucht die Systematik der Abstufung und Ergebniskontrolle des Entraînement mental in den einzelnen Schritten zu vermeiden. Das Prinzip der konstanten Realitätskontrolle sollte gewiß Grundlage jeder erzieherischen Bemühung sein. Aber erfaßt diese richtige Beobachtung tatsächlich die Gründe des Abschaltens und der tendenziös selektiven Wahrnehmung, die sich als Hindernis der Stoffbewältigung ergibt?

Ohne Zweifel kann jeder Kursleiter einer Volkshochschule den einfachsten und in Schule und Hochschule gewohnten, üblichen Weg der Einbahn-Kommunikation wählen. Verurteilt der Kursleiter den Teilnehmer zum passiv-rezeptiven Stillhalten, so ist er jenen Anteil »Störender« bald los, die der Befriedigung seiner eigenen Bedürfnisse vorwärts zu kommen und den Bedürfnissen des aktiven Teils der Lerngruppe im Wege stehen. Er »reinigt« gleichsam die Gruppe von den scheinbar Unbegabten, Unerfahrenen und nicht ausreichend Vorgebildeten. So homogenisiert er das zuvor heterogene Feld. Das erspart ihm jede Veränderung und Belastung mit Problemen, die außerhalb seines Wahrnehmungsbereiches liegen. Er vermeidet auch die ihm selbst unangenehme Identitätskrise, in die er geriete, wenn er die Voraussetzungen solcher Methoden überprüfen würde. Man kann sich jedoch die von diesem Verhalten eines Kursleiters ausgehenden Wirkungen gar nicht lähmend genug vorstellen. Sie werden aber erst deutlich, wenn die Prozesse der Gruppendynamik eingesehen werden und nachvollzogen wird, daß sie unabhängig vom Lehrstoff bedeutsam sind. Sie verlangen also zunächst eine menschliche Einstellungskorrektur. Der Lehrende muß begreifen, daß er nicht ein den Gruppenmitgliedern übergeordneter, dominierender Leiter ist, sondern ein Mitglied dieser Erwachsenengruppe, das hier und jetzt gemeinsam mit anderen für diese und mit ihnen zusammen eine Führungsfunktion verdeutlicht, die zunehmend von allen übernommen werden kann und muß.

Wenn wir festgestellt haben, daß Lernen wesentlich durch Identifizierung erfolgt, so ist klar, daß jedes Verhalten des Lehrenden im Zusammenhang mit dem Stoff vom Lernenden unbewußt weitgehend introjiziert (= nach innen genommen) wird. (Das kommt in der simplen Vulgärformel zum Ausdruck, deren sich mancher Lernende bedient, wenn er etwa erklärt: Das habe ich nun gefressen!) Bei dieser Formel besteht kein Zweifel, daß die Aufnahme von Wissen zunächst als «Einverleibung» einer angebotenen »Wissensnahrung« erlebt wird, bei der nicht nur der Wissensstoff, sondern in der Identifizierung auch häufig genug der Wissende selbst introjiziert (»gefressen«, einverleibt) wird.

Man kann dies oft beobachten, wenn ein Hörer oder Kursteilnehmer vom Kursleiter dargestellte Inhalte mit den gleichen Attitüden, Gesten, Argumenten, Formulierungen und Tonfällen einem anderen Nicht-Teilnehmer erklärt. Auf den Zusammenhang mit der Primärsituation weist der Knüttelvers: „Wie er sich räuspert, wie er spuckt, das hat er dem Alten abgeguckt!" Die Häufigkeit dieses Introjektions- und Identifizierungsphänomens ist übrigens bei zahlreichen Universitätsstudenten bestimmter Schulen und deren überragender Dozentenpersönlichkeiten an den studentischen Attitüden, Sprachregelungen und Stereotypien zu beobachten, die das Ausmaß einer vom Dozenten gewiß meist keineswegs beabsichtigten Identifizierung erkennen lassen. Es wäre in der Erwachsenenbildung wenig gewonnen, wenn man sich dieses Systems bedienen würde, da es letztlich eine Infantilisierung des Lernenden bedeutet, die ihn nicht zur Selbständigkeit führt.

Vielmehr kommt es in der Lehrmethode allgemein darauf an, die primären Objektbesetzungen zu lösen, um durch ein vorübergehendes Stadium der Unsicherheit hindurch neue Objektbesetzungen zu ermöglichen, die beweglicher sind. Übersetzt aus der Sprache des Psychologischen in die Sprache des Pädagogischen bedeutet dies: Ein an bestimmte, frühere Gegenstände fixiertes Interesse muß durch allmähliche Erweiterung des Gegenstandes so von diesem gelöst werden, daß es sich auf die neu wahrzunehmenden Bezugsfelder des ursprünglichen Gegenstandes übertragen, von diesem fortführen und an neue andere Gegenstände herantragen läßt, ohne eine Angst vor dem totalen Verlust des primären Gegenstandes auszulösen. Auch hier wird die Parallele zur Problematik des Ablösungskonfliktes von Kindern und Jugendlichen deutlich. Jeder pädagogisch auch nur einigermaßen Erfahrene weiß, welche entscheidende Rolle Ermutigung oder Entmutigung in diesem Prozeß spielen. Je isolierter das Individuum sich selbst von der Gemeinsamkeit einer um bestimmte Lernziele bemühten Gruppe erlebt, desto mehr Angst wird es entwickeln. Nicht wegen des Leistungsversagens, wie stets irrtümlich angenommen wird, sondern wegen des gefürchteten Objektverlustes, der nach der innerpsychischen Gesetzlichkeit des wenig veränderten, frühkindlichen Gefühlsinventars stets dann droht, wenn das Real-Ich sich von den Forderungen des Ich-Ideals entfernt. Wir setzen hier den Verlust der Gruppenzugehörigkeit durch das Zurückbleiben hinter den Gruppennormen deshalb mit dem Objektverlust gleich, weil die Mitglieder einer Gruppe für den einzelnen wichtige Verwirklichungen seiner Objektbeziehungen auf einer späteren Ebene darstellen, die im Grundgefüge und in der Gefühlsqualität weitgehend mit den primären Objektbeziehungen (Eltern, Zweier- und Dreierbeziehung) identisch sind. Die Bedeutung der Idealisierung und die zuvor dargestellte, aus Abwehrgründen erfolgende Überhöhung eines Gruppenideals wird von hier aus als Gefahr für den Objektverlust und als Auslösung einer Angstbelastung vielleicht verständlicher.

Es geht also vom gruppendynamischen Aspekt aus wesentlich darum, die Angstmöglichkeiten der Gruppenteilnehmer zu verringern durch ein vermehrtes Maß an Zuwendung im Augenblick der schmerzlich erlebten Differenz zwischen Idealforderung und Real-Ich. Die aus diesem Konflikt entstehenden Schuldgefühle, die von der Objektivität der Erwachsenenbildung her gesehen völlig irrational, jedoch äußerst wirksam sind, müssen entlastet werden, d. h. sie müssen von den Teilnehmern verbalisiert werden können und wo dies nicht möglich ist vom Gruppenleiter als erkannte, unbewußte oder vorbewußte Inhalte mitgeteilt werden, die in bestimmten Verhaltensweisen sichtbar werden. Als generelle Regel darf man hier annehmen, daß Gelächter in einer Gruppe in diesem Zusammenhang deutlich eine Entlastung signalisiert. So etwa, wenn die trockene Bemerkung: „Es ist eigentlich beruhigend erfreulich festzustellen, wie ahnungslos wir alle in diesem Punkt sind", zu einem langanhaltenden, befreienden Lachen führt. Erfolgt diese Entlastung nicht, so können wir in Lerngruppen all jene dysfunktionalen Verhaltensweisen beobachten, die den Lehrenden und die Gruppe stören, worüber sich viele Kursleiter leider nur ärgern, ohne sich die Ursachen zu vergegenwärtigen, die bedauerlicherweise oft in ihrer eigenen, ungeprüften Lehrmethode liegen.

Andere Länder bedienen sich primär einer anderen pädagogischen Methode aus der nüchternen Erkenntnis der gruppendynamischen Forschung, daß jede Gruppe erst dann tatsächlich arbeitsfähig wird, wenn sie die Art ihrer sozialen Beziehungen soweit geklärt hat, daß sie die Verschiedenartigkeit ihrer Mitglieder nicht nur akzeptiert, sondern wie dargestellt für die Ziele der Gruppe nutzen kann. Stattdessen begegnet man hierzulande häufig dem emsigen Bemühen, heterogene Gruppen durch erzwungenen Konformismus zu homogenisieren, was den Abwehrmechanismen der Gruppenmitglieder zwar mitunter entgegenkommt, den einzelnen jedoch dabei in unzulässiger Weise zu Regressionen zwingt und infantilisiert. Gewiß muß man *Tietgens*[5]) darin zustimmen, daß sich Lernvorgang und Bildungsvorgang erst dann einstellen, wenn ein sachlicher Bezug gegeben ist, d. h. die inhaltliche Begründung und Exemplifizierung des Sachbezuges zum Lernstoff darf keineswegs außer acht gelassen werden. Aber es scheint eine der Antinomien der menschlichen Existenz zu sein, daß hinter jeder gerichteten Aufmerksamkeit sich eine gegenläufige Tendenz entwickelt. Das bedeutet: Die emotionalen Bedürfnisse werden unbewußt umso stärker, je rationaler und abstrakter es bei der Behandlung eines Lehrstoffes zugeht. Umgekehrt intensivieren sich die rational-intellektualisierenden Tendenzen, je mehr Stoff, Inhalt und Verhalten in den emotionalen Bereich übergehen.

Das Gefälle von Lust und Unlust im Lernprozeß hängt also keineswegs lediglich mit dem Lehrstoff zusammen. Für eine Lerngruppe bedeutet dies eine Zunahme der emotionalen Bedürftigkeit der Mitglieder untereinander, je abstrakter, kühler, rationaler die Stoffqualität ist. Eine Verstärkung der rationalen Distanzierung als Abwehr setzt ein, je mehr der Stoff emotionale Inhalte einbezieht, mit denen der einzelne sich ohnehin identifiziert, weil sie seiner subjektiven Erlebnisqualität relativ nahe kommen. Wahrscheinlich ist diese Paradoxie mit ein Grund für den Erfolg der *great book courses,* die wie *Knowles* formuliert, „bis zum Herzen der Dinge" führen sollten. Diese lyrische Formulierung erscheint gewiß nicht zufällig, denn auch das Entraînement mental betont in der dritten Stufe die „persönliche Bindung, die Wertmaßstäbe und die Fähigkeit zur Kommunikation", die es vom gewählten Thema und von der Disposition der Teilnehmer abhängig macht. Gleichzeitig wird jedoch dabei ständig zu Recht von »Bedürfnissen der Teilnehmer« gesprochen, ohne auf die Frage der Bedürfnisbefriedigung als Ziel näher einzugehen. Man ist fast in Versuchung, den paradoxen Erfahrungsgrundsatz aufzustellen, der in anderer Weise von *Herlin* und *Dunphy*[6]) bereits formuliert ist, daß nämlich die Lernfähigkeit und rational-intellektuelle Distanzierungsmöglichkeit in dem Ausmaß wächst, wie die freien emotionalen Valenzen in einer Gruppe ausreichende Befriedigung finden. Dies mag verdeutlichen, wieweit die Berücksichtigung der gruppendynamischen Gesetzlichkeiten, unabhängig vom Stoffgebiet, erforderlich ist, wenn der Lernprozeß als erfolgreich erlebt werden soll.

ANMERKUNGEN

[1]) *Fr. Hebbel:* Tagebücher 1835—1863. Berlin 1903.
[2]) *K. Lorenz:* Er redet mit dem Vieh, den Vögeln u. den Fischen. Wien 1954.
[3]) Gruppendynamisches Seminar für VHS-Dozenten (unveröffentlichtes Protokoll).
[4]) *H. L. Matzat:* Club de Lecture. In: Methodik der Erwachsenenbildung im Ausland. „Entraînement mental. Heft 10, Arbeitsunterlagen für V.H.S., S. 42.
[5]) Methodik der Erwachsenenbildung im Ausland. „Entraînement mental". Heft 10, Arbeitsunterlagen für VHS, 1965. S. 34.
[6]) *T. Herlin, R. Dumphy:* The Dimensions of Member Satisfaction in small Groups, Human Relations, Voll 17/2, 1964, S. 99.

ENTWICKLUNG AFFEKTIVER PROZESSE
IN GRUPPEN

Eingangs wurden die in Gruppen auftretenden, affektiv begründeten, irrationalen Grundannahmen bereits dargestellt. Bis zu einem gewissen Grade wird man diesen von *Bion* erstmalig formulierten Thesen, die eine didaktische Vereinfachung eines komplizierteren Sachverhaltes darstellen, wohl folgen können. Jedoch erscheint es notwendig, sich zur Vermeidung von Irrtümern von der Auffassung, es gäbe ein »Gruppen-Ich« oder eine »Gruppen-Seele«, deutlich zu distanzieren. Geschähe dies nicht, würden wissenschaftliche Positionen aufgegeben, die in den Arbeiten von *Freud* bereits erreicht waren[1]). Und man würde zugleich, ginge man auf dieses Mißverständnis nicht ein, den Verdacht verstärken, konformistische Bestrebungen der Gruppendynamik würden gestützt mit der bewußten, pädagogischen Auswertung.

Demgegenüber gilt es zu betonen: »Die Gruppe« ist keineswegs eine Entität per se, sondern man muß unterscheiden, zwischen den selbständigen Einheiten, die ihre Mitglieder darstellen und der gemeinsamen Phantasie über die Gruppe, die ihre einzelnen Mitglieder entwickeln. In der Vorstellung des einzelnen Mitgliedes hat diese Phantasie ihre jeweils eigene Qualität, die jedoch emotional eng an die Vorstruktur der Primärgruppe (Familie) und deren emotionalen Stil sowie ihre soziale Qualität gebunden ist. Dabei sind die Situationen, in der sich Kinder innerhalb der Primärgruppe befinden, jeweils von großer Ähnlichkeit, insbesondere hinsichtlich der sozialen Angsterlebnisse. Diese »verjährten Angstinhalte« stellen die entscheidende Quelle für gemeinsame Phantasien der einzelnen Gruppenmitglieder dar.

Der Anteil dieser gemeinsamen Phantasien am emotionalen Geschehen entspricht gleichsam der Summe aller bisherigen Erfahrungen innerhalb der Polarität: Individuum - Gruppe, soweit emotionale Modelle der Primärgruppe auf weitere Sekundärgruppen übertragen werden, ohne daß ein Wechsel der zuvor bestehenden Identität stattfindet. Dieser Anteil der Phantasie enthält alle Vorstellungen über mögliche Wirkungen der Gruppe und ihrer Mitglieder auf die eigene bisherige Identität des jeweiligen Individuums. Dabei wird zunächst nicht die Besonderheit der einzelnen Mitglieder erlebt, da sie erst allmählich wahrgenommen werden kann, sondern es werden vielmehr »die anderen« noch unbekannten Mitglieder einer Gruppe als ein gegenüberstehender Block ohne Differenzierung erfahren.

Es ist eine anthropologische Gegebenheit, daß der Mensch selbst nur mit Hilfe des anderen seine eigene Realität wahrnehmen und erkennen lernen kann, auch dann, wenn er in der Selbstreflexion den Aspekt des möglichen anderen sich selbst gegenüber vorwegnimmt, um sich gleichsam im Dialog mit sich selbst und mit seinem Handeln zu konfrontieren. *„Das habe ich getan, — sagt mein Gedächtnis. Das kann ich nicht getan haben, — sagt mein Stolz und bleibt unerbittlich. Endlich gibt das Gedächtnis nach*[2]*)."* Der Skeptizismus *Nietzsche's* gegenüber dem Realismus jeder Selbstwahrnehmung scheint berechtigt, wenn man die generelle Befürchtung der Mitglieder einer neuen Gruppe beobachtet, die wesentlich darin besteht, innere Tatbestände könnten Dritten zur Kenntnis und Verfügbarkeit gelangen. Diese Befürchtung wird jedoch durchgehend zunächst verleugnet. Man sagt etwa: *„Wir sind doch alle hier nette Leute und erwachsen. Schließlich können wir miteinander freundlich umgehen, weil wir das gelernt haben. Was soll da schon passieren?"* Solche und ähnliche Feststellungen werden häufig getroffen, wenn eine Gruppe nach Beendigung der formalen Vorstellung der Teilnehmer vor dem Problem steht, wie und welche Aufgaben sie formulieren und lösen will. Gleichzeitig entstehen jedoch in jedem Mitglied Ängste, wieweit seine bisherige Identität unangetastet bleiben wird. Man kann erkennen, daß solche allgemein häufig abgegebenen Erklärungen Rückversicherungen sind, durch die die unbewußt aufkommende Angst beschwichtigt werden soll.

Es ist wichtig, sich dabei stets von neuem zu vergegenwärtigen, daß es in jedem Menschen »verjährte Angstbedingungen« gibt, die sich wiederholen können, obgleich alle Daten der äußeren Realität für die Vernunft gegen eine solche Wiederholung sprechen. Man muß nicht besonders neurotisch sein, um beim Eintritt in eine neue Gruppe solange untergründig unerklärbare Angst zu verspüren, bis das Gefühl der sozialen Zugehörigkeit stabil geworden ist. Man kann eher umgekehrt eine neurotische Verleugnung annehmen, wo dieses Gefühl nicht wahrnehmbar ist. Neben den rationalen Vorgängen entwickeln sich gleichzeitig also affektive Prozesse. Der Leiter einer Gruppe steht damit vor der Entscheidung, ob er diese affektiven Bedingungen seiner Gruppe beobachten und mitberücksichtigen will, oder ob er sie ignoriert, im Vertrauen auf den rationalen Lernprozeß. Man muß jedoch hinzufügen, daß es heute durch die Methoden der gruppendynamischen Prozeßanalye durchaus möglich ist, mit hoher Wahrscheinlichkeit vorauszusagen, an welcher Stelle der übersehene affektive Prozeß die rationalen Lernmöglichkeiten erschwert oder u. U. sogar zum Scheitern bringt. Ferner läßt sich vorhersagen, in welcher Weise das übermittelte Wissen verankert wird. Ohne Koppelung des Erlernten mit den affektiven Prozessen ist nicht damit zu rechnen, daß der übermittelte Stoffinhalt zum tatsächlichen, frei verfügbaren Bewußtseinsinhalt des einzelnen Mitgliedes wird.

Wie kann sich der Lehrende nun Gewißheit verschaffen und welche affektiven Inhalte sind für die Lernfortschritte einer Gruppe von Bedeutung? Verfolgt man die Entwicklung der affektiven Prozesse in der Gruppe, so scheint es notwendig, scharf zwischen den Phantasien zu unterscheiden, die *allen* Teilnehmern gemeinsam sind und den Befürchtungen, Wünschen oder Erwartungen, die eine spezifische, individuelle Erweiterung oder Einengung der allgemeinen Phantasie darstellen. Wie eingangs ausgeführt, überwiegt zunächst das Gefühl der Abhängigkeit, das oft fälschlicherweise damit gleichgesetzt wird, als sei die Gruppe ein Subjekt und verhalte sich als solches wie ein Kleinkind. In Wahrheit bestehen in ambivalenter Weise sowohl Abhängigkeitswünsche wie -befürchtungen der einzelnen Teilnehmer. Freilich ist in diesem Gefühl generell das tatsächliche Abhängigkeitsbedürfnis des Kleinkindes untergründig mitenthalten, jedoch nicht als ein Gefühl eines kollektiven Gruppen-Ich, sondern durchaus in der realen, vorbewußten oder unbewußten Reminiszenz des einzelnen Teilnehmers. Das wird auch völlig verschieden ausgedrückt: *„Ich komme mir vor, wie ein Kind vor der Weihnachtsbescherung!"* — *„Na, — das wird eine schöne Bescherung geben!"* — *„Was sollen wir denn vorschlagen,* (an den Gruppenleiter direkt:) *Sie müssen doch wissen, was für ein Programm Sie haben, wir kommen ja schließlich nur her, um zu lernen. Wir wissen ja gar nichts!"* — *„Wir sind völlig auf den Leiter angewiesen. Wenn Sie uns nichts von Ihrem Wissen abgeben wollen, sind wir vollkommen aufgeschmissen!"* — *„Ich komme mir hier völlig blöde vor, wie ein Kind, das im Dunkeln rumtappt!"* (Ergänzung durch einen anderen Teilnehmer: *„ . . . und sucht, wo aus dem Schlüsselloch das Licht aus dem Elternschlafzimmer kommt!"*).

An diesen wörtlichen, aus sehr verschiedenen Gruppen stammenden Äußerungen wird das affektive Angebot deutlich, das die Gruppenmitglieder dem Gruppenleiter machen. Es empfiehlt sich, zur Einübung der eigenen Erfahrung zunächst einmal solche Äußerungen zu beobachten, zu sammeln und sie mit der realen Situation zu vergleichen, in der sie jeweils auftauchen. Man wird dann eher die zuvor erwähnte, wichtige Unterscheidung zwischen einer allgemeinen Gruppenphantasie und darüber hinausgehenden individuellen Verstärkungen oder Abschwächungen treffen können. Zugleich kann man dabei aber auch die ambivalente Angst wahrnehmen, die sich zur Abwehr einer erhöhten Bedeutung des Gruppenleiters bedient. Das ist eine Verführung. Wer darauf hereinfällt, solche Omnipotenzangebote anzunehmen und sich als Gruppenleiter damit zu identifizieren (wenn auch u. U. nur durch stillschweigende Duldung), kann sich nüchtern ausrechnen, wann er von den gleichen Teilnehmern bewiesen bekommt, daß er keineswegs allwissend ist, sondern mehr Fehler macht und hat als sie selbst.

Das mag vorläufig an dieser Stelle genügen, um zu zeigen, welche affektive Konstellation sich einstellt, wenn den Teilnehmern einer neu konstituierten Lerngruppe die Aufgabe gestellt wird, s e l b s t ihre Erwartungen und Programmvorstellungen zu entwickeln, wenn ihr also nicht von vornherein ein Programm übergestülpt wird, das dem Plan des Lehrenden entspricht, der das Ziel hat, möglichst schneller „vorwärts zu kommen".

Die Reaktionen auf das Offenlassen des Vorgehens verdeutlichen zugleich Abhängigkeitswunsch und -angst, gegen die jedoch eine heftige Abwehr einsetzen würde, wenn sich etwa der Gruppenleiter sofort dazu verleiten läßt, in autoritärer Weise solche infantilen Führungsangebote zu übernehmen. Die gemeinsame Gruppenphantasie schlägt in Kürze in die Annahme um: *„Wir werden hier vom Gruppenleiter wie Kinder behandelt."* Opposition ist die Folge. Gegen den gleichen Gruppenleiter, dessen Führung zuvor so dringlich beansprucht wurde, wird sich heftiger Zweifel an der Richtigkeit seiner Theorien, karrikierende Nachahmung seines Verhaltens und ein kräftiger Widerstand gegen den Lerngegenstand äußern.

Die Entwicklung des Abhängigkeitsgefühls und die daraus resultierende Abwehr stehen also in direktem Zusammenhang, und zwar aus zwei Gründen: Einmal weil die anwachsende Zufuhrbedürftigkeit und der Anlehnungswunsch an den Gruppenleiter primäre, unbewußte, weitgehend libidinöse Impulse mobilisiert. Zum zweiten, weil die Angst vor der Abweisung dieses Anlehnungswunsches und die Befürchtung in Konkurrenz mit gleichartigen Wünschen anderer Teilnehmer zu geraten, die aggressive Tendenz der Abwehr solcher Wünsche eher stimuliert. An die Stelle libidinöser Anlehnungswünsche treten also in zunehmendem Maße, da die ersteren verleugnet werden, aggressive Ersatzhandlungen. Man muß sich darüber klar sein, daß die Wahrnehmung verborgener, aggressiver Wünsche und Tendenzen noch weitaus mehr Schwierigkeiten bereitet, als die im Augenblick von der Gesellschaft weniger tabuierten sexuell-libidinösen Wünsche. Am wenigsten bekannt in der Allgemeinheit ist jedoch die Tatsache, daß vordergründiges, unfreundliches, aggressives Verhalten, sehr häufig der Abwehr genau gegenteiliger, zärtlicher Anlehnungswünsche dient, vor deren Frustration Angst besteht. Das Gesetz ist einfach und erinnert an *Schopenhauer's* (von *Freud* zitiertes) Paradigma der Stachelschweine: *„Eine Gesellschaft Stachelschweine drängte sich an einem kalten Wintertag recht nahe zusammen, um durch die gegenseitige Wärme sich vor dem Erfrieren zu schützen. Jedoch bald empfanden sie die gegenseitigen Stacheln, welche sie dann wieder voneinander entfernten. Wenn nun das Bedürfnis der Erwärmung sie wieder näher zusammenbrachte, wiederholte sich jenes zweite Übel, so daß sie zwischen beiden Leiden hin- und hergeworfen wurden, bis sie eine mäßige Entfernung herausgefunden hatten, in der sie es am besten aushalten konnten[3].“* Nähe, die als zu nahe erlebt wird, fordert also schmerzzufügende Abwehr heraus, um die erwünschte Distanz zu erreichen. Ferne und Distanz dagegen rufen Sehnsucht nach Anlehnung und Wärme hervor. Dem Versuch, die individuell jeweils richtige Distanz zueinander zu gewinnen, dient eine sehr lange Strecke jeder Gruppenarbeit, weitgehend unabhängig vom Stoff, der in diesem Abschnitt eher als Vehikel für affektive Bedürfnisse benützt und u. U. mißbraucht wird.

Die Voraussetzung für eine erfolgreiche Entwicklung des Lernprozesses ist daher von Seiten des Gruppenleiters die Wahrnehmung und Berücksichtigung solcher unbewußten Phantasien und Bedürfnisse. Befriedigt er den Wunsch der Teilnehmer, indem er ihnen etwas von seinem Wissen gleichsam als Nahrung abgibt, so muß er auch damit rechnen, Kritik an der mangelnden Assimilierbarkeit (Eßbarkeit) des Gebotenen zu hören, das nicht verarbeitet (verdaut) werden kann. Sein Ziel wird sich also darauf richten müssen, diese Aufnahmeschwierigkeiten als erste Stufe zu bearbeiten. Gerade darum wird er sich seinerseits um Nähe bemühen müssen, andererseits jedoch die unbewußte Befürchtung der Teilnehmer in Rechnung stellen müssen, daß irgendeines der Mitglieder ihm näher kommen könne, als andere, da auf solche Weise seine vermeintlichen Gaben ungerecht verteilt würden.

Eine Grundbeobachtung der Gruppendynamik ist die Tatsache, daß keine Gruppe sich schneller bewegen kann, als das langsamste Mitglied. Dies ist einmal aus Gründen der Gruppenkohäsion so, zum zweiten jedoch, weil in der unbewußten Identifizierung mit dem langsamsten Mitglied jeder Teilnehmer zugleich fürchtet, bei irgend einer Gelegenheit in die gleiche Situation geraten zu können. So sehr die Gruppe sich also affektiv über die Verlangsamung eines Prozesses durch ein Mitglied ärgert, so sehr ist die Mehrzahl der Teilnehmer bestrebt, das letzte Mitglied immer wieder mitzuziehen, auch weil dies das eigene Selbstbewußtsein der Überlegenheit hebt. Gerade die Befürchtung jedoch, in eine ähnliche Situation zu geraten, mobilisiert allmählich in jedem Teilnehmer den Wunsch, statt die Gruppe zur Befriedigung egoistischer Bedürfnisse zu benutzen (z. B.: Dominieren, Glänzen in Diskussionen, Austragen von Konkurrenzen, Provokation der Gruppe durch egozentrische Aspekte usw.), seine Beteiligungsmöglichkeiten in den Dienst der gemeinsamen Gruppenziele zu stellen, also z. B. hilfreiche, kritische, beobachtende, bestätigende, konstruktive oder erweiternde Funktionen zu übernehmen, die alle sowohl dem Fortschritt wie dem Erhalt der Gruppe und des Gruppenzusammenhanges dienen sollen.

Unabhängig von den möglichen individuellen, dysfunktionalen Reaktionen sind jedoch die irrationalen Grundannahmen aller Gruppenteilnehmer, die in den vorerwähnten gemeinsamen Phantasien ihren Ausdruck finden. Die eingangs dargestellte Grundannahme Kampf/Flucht, die meist mit dem Zustand einer Art Pubertät des »Gruppen-Ich« verbunden wird, enthält — wiewohl die Prämisse eines Gruppen-Ich unrichtig ist — die richtige Beobachtung einer vorhandenen gemeinsamen Phantasie aller Teilnehmer. Jeder möchte sich unabhängig wissen, verselbständigen und ablösen aus seiner in Wirklichkeit bestehenden, narzißtischen Bedürftigkeit, die aus den Abhängigkeitsgefühlen entsteht. Dieser Abhängigkeitswunsch fordert unbewußt im einzelnen Teilnehmer narzißtische Gratifikationen, d. h. Selbstbestätigungen, Anerkennung, Verständnis und Lob durch den Gruppenleiter oder die übrigen Gruppenmitglieder. Wird dieser Wunsch jedoch erfüllt, so besteht zugleich die Befürchtung, gerade dadurch das Rache- und Kränkungsbedürfnis der übrigen Teilnehmer (Geschwister) auf sich zu ziehen, die von ähnlichen Wünschen besetzt sind. Die

Rettung aus der Ambivalenz dieser Gefühle besteht in verschiedenen Wegen und Rollen, die von den Teilnehmern im einzelnen übernommen werden: Einige Teilnehmer verhalten sich z. B. wie unerschütterliche Gefolgsleute des Gruppenleiters, während andere in heftige Opposition zu ihm und seinen Gefolgsleuten treten, selbstverständlich meist im Kontext des Lehrgegenstandes, so daß diese Opposition sachbezogen aussieht. Wieder andere Teilnehmer bleiben abwartend neutral, während ein oder zwei sich wie Nesthäkchen verhalten und von den übrigen auch hierzu ermuntert werden. Dies dient einer unsichtbaren, affektiven Ökonomie. Die Rolle des hilflosen Nesthäkchens gibt wiederum anderen das Gefühl großmütiger Dominanz und Hilfsbereitschaft.

Man darf sich jedoch nicht über die Bedeutung dieser ersten Rollenverteilung täuschen, da sie zu einem späteren Zeitpunkt deutlich wechseln kann. Vielmehr wird man mit einer gewissen Wahrscheinlichkeit und Gesetzmäßigkeit solche Rollenwechsel in genau entgegengesetzte Richtungen erwarten müssen, je nach der voraussehbarer Dauer der Gruppenarbeit. So kann man in fast jeder Gruppe beobachten, daß im Anfang einige bestimmte Teilnehmer die Führung dadurch zu übernehmen versuchen, daß sie mit dem Gruppenleiter scheinbar kooperieren, seine Fragen beantworten, oder aber durch Ergänzungen seine vorgetragenen Auffassungen bestätigen und erweitern. Wenn diese Rolle anfänglich von einem Teilnehmer allein übernommen wird, so stellt sich alsbald ein zweiter Teilnehmer ein, der entweder die Ergänzungen des ersten zu erweitern, oder ihn durch Schnelligkeit und Treffsicherheit der Reaktionen zu überragen versucht. Die übrigen Teilnehmer beobachten dieses Geschehen, befinden sich aber unbewußt bereits auf der einen oder anderen Seite. Die weitere Entwicklung führt gesetzmäßig dazu, daß einer der beiden um die Alpha-Position in der Gruppe rivalisierenden Teilnehmer erprobt, auf welche Seite der Gruppenleiter sich schlagen wird, wenn eine Differenz gegenüber den diskutierten oder mitgeteilten Fakten entsteht. Über kurz oder lang wird der Alpha- oder der Oppositionsrolleninhaber in der Rivalität eine falsche, ungenaue oder irrtümliche Auffassung äußern. Die Kritik setzt ein und der Prestigekampf um die Zustimmung des Gruppenleiters wird von allen Teilneh-mern als Signal dafür erlebt, auf welche Seite sie sich in der Zukunft stellen sollen.

Dadurch wechseln die Rollen, denn innerhalb dieser Strukturie-rungsversuche fällt letztlich jede Stimme ins Gewicht, also auch die Gefolgschaft jener anfänglich in der hilflosen Nesthäkchen-rolle verbliebenen oder sich zunächst dumm stellenden Mitglieder. Die Passivität und das schweigende Zuhören erscheinen plötzlich als ein Unsicherheitsfaktor. Die dahinterstehende Stellungnahme und die potentielle Gegnerschaft oder Bündnisbereitschaft müssen erkundet werden, um ein Gleichgewicht in der Gruppe herzustel-len. Um dies zu erreichen, werden die bislang passiv beobachten-den und schweigenden Mitglieder provoziert, so lange, bis sie Stellung bezogen haben. Durch ihre Äußerungen jedoch verändert sich sowohl das Gleichgewicht, wie auch ihre eigene Rolle in der Gruppe, wobei nicht selten auch die bisherige Alpha- und die Oppositionsrolle in Frage gestellt werden. Daher wird man nicht blindlings auf die anfängliche Rollenkonstellation vertrauen dür-fen. Vielmehr wird man sich vergegenwärtigen müssen, daß Füh-rungsprobleme der Gruppe für ihre zukünftige Arbeit nicht eher lösbar sind, bevor nicht jeder Teilnehmer mit jedem Teilnehmer gesprochen hat. Kennzeichen des Ausschlußversuches ist es dabei, wenn zwei oder mehrere Teilnehmer über einen dritten Anwesen-den und dessen Äußerungen diskutieren, ohne diesen direkt mit-einzubeziehen. Man kann solche Rollenwechsel nicht direkt dem Inhalt nach beschreiben. Die sorgfältige Prozeßanalyse eines Ton-bandprotokolles zeigt jedoch immer wieder bei aufmerksamer Betrachtung die Entwicklung solcher Bemächtigungsstrebungen, die fast ausschließlich der Durchsetzung von Führungsansprüchen und Prestigekämpfen dienen. Im letzten Abschnitt sind die Rollen-funktionen beschrieben, die zur Entwicklung und Erhaltung der Gruppe beitragen, desgleichen sind die dysfunktionalen Rollen erwähnt.

In diesem Stadium wird das Forum der Gruppe leicht zur unsicht-baren Kampfarena, in der oft auf Leben und Tod um den Füh-rungsanspruch, jeweils im Kontext des Gruppenarbeitsstoffes, gefochten wird. Je größer die Gruppe, desto gefährlicher und erbitterter wird dieser Kampf (Beispiele): *„Ich habe das Gefühl, in einer Arena zu sitzen und Zeuge eines Stierkampfes zu sein."* — *„Jetzt warten wir bloß noch auf das Opfer, um zu sehen wie es abgestochen wird."* (Als charakteristische Verbalisierung dieses Zustandes taucht das affektive Problem in vielen Gruppen in ähnlichem Wortlaut auf.) Gerade die Heftigkeit dieser Kampfszene veranlaßt andere Teilnehmer dann zum vorsichtigen Rückzug. Sie werden solange zu passiven Zuschauern, bis die streitenden Parteien weitere potentielle Anhänger bzw. Gegner auszumachen versuchen. Man kann sich unschwer bei ruhiger Beobachtung davon überzeugen, daß der Gruppenleiter in Wirklichkeit das imaginäre Ziel dieser Bemühungen ist, d. h. keineswegs der reale Gruppenleiter, wie er wirklich ist, denn das interessiert die Teilnehmer in diesem Stadium noch gar nicht, sondern vielmehr der in der Phantasie der Teilnehmer ambivalent mit der Qualität der Allmacht im Guten wie im Bösen ausgestattete Leiter, dessen Zuneigung gesucht und dessen Ablehnung gefürchtet wird. Trotz, Aggression, ungläubige Kritik, Witzelei, Weglaufen und Ausweichen vor der Aufgabe, Ablenkung und Verhinderung sind die Charakteristika dieses Entwicklungsstadiums, das der Abwendung einer Identitätskrise durch Regression auf frühere Abwehrformen und Verhaltensweisen dient.

Der gemeinsame Bezugspunkt der Phantasien, die solche Verhaltensweisen auslösen, ist die Befürchtung, Verluste oder Einbußen erleiden zu müssen. Solange diese Phantasie die Gruppenteilnehmer beherrscht, kann die Gruppe jedoch nicht real lernen. Auch hier erweist sich das Erkennen der Verhaltensursachen, ihre Aufdeckung und Interpretation als notwendig, weil sie entlastend wirkt. Die Gefahr besteht in dem Mißverständnis, dies auf autoritäre Weise, in der Art einer Demaskierung zu tun, ohne den Hinweis auf die Selbstverständlichkeit dieser Entwicklung, die zur menschlichen Erlebnisweise gehört, weil sich jeder Mensch so und nicht anders primär entwickelt. Das *Haeckel'sche* Grundgesetz: *„Die Ontogenie ist eine Abbreviatur der Phylogenie"*, zeigt hier eine konsequente Umkehr: Die Entwicklung eines Individuums in einer Gruppe wiederholt seine Entwicklung in der Primärgruppe mit sämtlichen Erfahrungen. Zugleich bedeutet jedoch die Entwicklung der Primärgruppe eine Wiederholung der ursprünglichen Entwicklung der Art. Dieses Gesetz beschränkt sich, wie *Lorenz*[4]) zu zeigen versucht hat, keineswegs nur auf das Sozialleben des Menschen, wiewohl es ausschließlich bei ihm reflexionsfähig ist. Es wird nun vielleicht auch verständlicher, daß die dritte zuvor dargestellte Grundannahme, die Paarbildung eine Wiederholung des frühen Schutzmechanismus ist, in dem Kinder mit einem Elternteil oder stellvertretend mit einem Geschwister eine am eigenen oder am anderen Geschlecht orientierte Bindung und Paarbildung einzugehen versuchen. Dies geschieht einmal aus dialogischem Bedürfnis *(M. Buber*[5]*)*, zum anderen jedoch auch, um sich gegen eine Isolierung von der Primärgruppe zu sichern. Es bedarf keiner Mystifikationen, um in solchen Paarbildungen innerhalb der Gruppe die kompensatorische Abwehr gegen Abhängigkeit und Kampfgefährdung zu erkennen, die eine allenthalben feststellbare menschliche Reaktion auf Bedrohungen von innen oder außen zu sein scheint.

Schwerer zu verstehen ist allerdings, warum eine Gruppe eine bestimmte Binnenkultur, d. h. einen spezifischen Gruppenstil entwickelt, übernimmt und beibehält, solange man außer acht läßt, daß der Gruppenleiter durch sein Verhalten — weniger durch seine Worte —, sondern vor allem durch seine averbalen, häufig unbewußten Signale diesen spezifischen Umgangsstil weitgehend mitbestimmt. Das Festhalten einer Gruppe etwa an einem hartnäckigen Kampfstil liegt nicht etwa nur in der vermeintlichen Infantilität oder puberalen Reifestufe der Gruppenteilnehmer — man sieht dergleichen auch bei Industriekonferenzen, wissenschaftlichen Sitzungen und Fakultätsberatungen —, sondern an den unbewußten Wünschen des Gruppenleiters, mit denen sich die Bedürfnisse vieler Gruppenmitglieder kompensatorisch oder synonym verbinden.

Eine kompensatorische Reaktion der Gruppe kann sich z. B. so auswirken: Eine Gruppe sieht sich nicht in der Lage, die vorliegenden Aufgaben zu lösen. Ihr Versuch, den Gruppenleiter oder einzelne Mitglieder zur Lösung der Aufgabe einzuspannen, um selbst passiv bleiben zu können, scheitert an der Weigerung der Betreffenden, eine solche Wahl anzunehmen. Die Gruppe ist ratlos. Die Mehrzahl der Mitglieder ärgert sich über die Weigerung des Gruppenleiters. Kompensatorisch entwickelt die Gruppe nun einen aggressiven Kampfstil, der jedes Gruppenmitglied mit strengen Strafsanktionen bedroht, das passiv zu bleiben wünscht. Tatsächlich ist dieser Vorwurf und die Strafsanktion jedoch gegen den passiven Gruppenleiter gerichtet. Der Gruppenleiter muß also prüfen, ob der Kampfstil Ursache seiner berechtigten Passivität ist, oder ob er vielmehr durch seine Passivität selbst Aggressionen provoziert, um einen Kampfstil der Gruppe zu mobilisieren.

Synonym würde der Gruppenstil reagieren, wenn etwa die Mehrzahl der Gruppenmitglieder auf eine passive Weigerung des Gruppenleiters hin ebenso in passiver Aggressivität mit dem Gruppenleiter rivalisiert, indem nun alle Mitglieder sich bemühen, eine noch passivere Haltung als er einzunehmen, um ihn auf diese Weise zur Aktivität zwingen zu können. (Auch hier muß der Gruppenleiter prüfen, wieweit seine Passivität berechtigt ist, um Aktivität in der Gruppe zu mobilisieren oder wieweit er umgekehrt aus eigenen Bedürfnissen einen Provokationsstil begründet, der eigenen unbewußten Wünschen entspricht. Allgemein ist als passive Resistenz einer Zuhörerschaft folgende Situation vertraut: Nach Vorträgen eröffnet der Leiter der Reihe oder der Einführende die Diskussion passiv durch die Ankündigung: „Ich bitte um Wortmeldungen!", ohne zwei oder drei mögliche Diskussionsbereiche als Stimulus anzubieten. Die Folge ist langes Schweigen, durch das der Einführende zu diesem Stimulus veranlaßt werden soll.) Gruppenverhalten, Gruppennorm und unbewußtes Verhalten des Gruppenleiters beeinflussen den Arbeits- und Kommunikationsstil weitgehend, ohne daß dies vom Gruppenleiter jeweils ohne weiteres bemerkt wird. Wenn sein Problembewußtsein nicht dafür sensibilisiert ist, daß bestimmte Ergebnisse unter Umständen Folge seines eigenen Verhaltens sind, so befinden sich die Mitglieder dieser Gruppe und er selbst in der Gefahr, einen Teil der Wirklichkeit auszuklammern. Dies wird leicht ersichtlich, entweder wenn ein neues, unbekanntes Mitglied zu dieser Gruppe stößt, oder wenn die betreffende Gruppe gezwungen ist, Kontakte zu anderen, ähnlichen oder gleichartigen Gruppen aufzunehmen. Die von jeder Gruppe entwickelte Binnenstruktur erweist dann ihre tatsächliche Stabilität bzw. Beweglichkeit. Ohne hier auf das Problem der Interaktion von Gruppen näher eingehen zu können, sollte doch berücksichtigt werden, daß dabei ähnliche Gesetzmäßigkeiten des Verhaltens auftreten, wie bei der Interaktion von Individuen in Gruppen.

Dies läßt sich bei einer systematischen Bearbeitung von Gruppenkontakten nachweisen, sobald man den Aufbau von Kommunikationskanälen zwischen einzelnen Gruppen und den Bericht über Beobachtungen, Erfahrungen und Beurteilungen des Verhaltens anderer Gruppen und ihrer Mitglieder vorübergehend als Übungsziel setzt.

Stellt man z. B. drei oder vier verschiedenen Arbeitsgruppen die Aufgabe, untereinander, nach bestimmten Regeln Verbindungen herzustellen, so erweist sich, ob die jeweilige Gruppe überwiegend eine Konkurrenz- und Rivalitätsnorm, d. h. einen Kampfstil oder eine Kommunikationsnorm, d. h. einen überwiegenden Kooperationsstil hat. Die Konkurrenzaufgaben wird die Kampfstilgruppe ohne Schwierigkeiten lösen, während sie bei Kommunikationsaufgaben versagt. Umgekehrt gewinnt die Kommunikationsstilgruppe bei Aufgaben, die ein Optimum an Koordination ohne störende Konkurrenzbedürfnisse erfordern. Es lohnt sich von Zeit zu Zeit bei einer konstant arbeitenden Gruppe sich selbst und den Teilnehmern die Frage zu stellen, was diese Gruppe jeweils nicht kann. Dadurch werden nicht nur kompensatorische Selbsttäuschungen verhindert, sondern zuvor nicht benötigten Fähigkeiten anderer Gruppenmitglieder, die im Hintergrund geblieben sind, werden u. U. plötzlich sichtbar. In der Fachsprache der Gruppendynamik wird dieser Vorgang als *»shifting«* (= Verschiebung, Ausdruck aus der Seemannssprache: Segel auf die andere Seite bringen) bezeichnet. Man kann das *shifting* planmäßig anwenden, um zuvor passiv gebliebene Mitglieder zu aktivieren. Dabei ist der affektive Gewinn für alle Teilnehmer relativ groß. Jedoch darf dieser Stil- oder Themenwechsel niemals direkt oder ohne Anlaß geschehen.

Ähnliches gilt, wenn etwa die Grundannahme Abhängigkeit von einer Gruppe beibehalten wird. Ihr entspricht eine gewisse Bevorzugung autokratischer Tendenzen beim Gruppenleiter, deren er sich selbst nicht bewußt zu sein braucht, zumal er sie meist mit den sich aus dem Lehrstoff ergebenden Notwendigkeiten begründet, ohne daß dies immer real zutreffend wäre. Behält der Gruppenleiter aus der Befürchtung, anderenfalls das Stoffziel nicht erreichen zu können, diese autoritäre Haltung bei, so verstärkt sich die Abhängigkeit der Gruppe. Schließlich tritt am Ende die Befürchtung real ein, aus der heraus ein Gruppenleiter geglaubt hat, autoritärer vorgehen zu müssen. Die Gruppe scheitert, sie läßt in ihrer Leistungsfähigkeit und Arbeitsbereitschaft nach, der vom Gruppenleiter gefürchtete Mißerfolg tritt mit Sicherheit ein.

An dieser Stelle wird zugleich auch deutlich, warum die Führung der Gruppe lediglich eine Funktion darstellt, die der Gruppenleiter vorübergehend zwar übernehmen kann, ohne damit aber tatsächlich seine Eigenschaft als Mitglied der Gruppe zu verlieren, denn auch er unterliegt den gleichen Abwehrmechanismen wie alle übrigen Mitglieder seiner Gruppe. Diese Einsicht sollte jedoch zugleich auch verständlich machen, warum jede Form des gewaltsamen Überzeugen- oder Überreden-Wollens notwendigerweise wie ein Bumerang auf den zurückkehrt, der solche Versuche unternehmen würde. In der Bemühung, sein »Bestes« zu geben, wird häufig die reale Tatsache übersehen, daß es keinem Menschen möglich ist, eigene Fehleinstellungen anders zu korrigieren, als durch das Erlebnis, zunächst ohne Werturteil verstanden und akzeptiert zu werden. Erst dieses Problemverständnis Anderer bereitet dann die Möglichkeit vor, das ursprüngliche, falsche Selbstbild freiwillig zu revidieren und in eine neue Identität umzuwandeln, die von anderen positiv bestätigt werden kann. Insofern sollte man skeptisch und selbstkritisch genug sein, um sich dann äußerst zu mißtrauen, wenn man subjektiv glaubt, etwas darum tun zu müssen, weil man sein »Bestes« geben wolle.

Für die wachsame Beobachtung der Entwicklung affektiver Prozesse in Gruppen ist es unerheblich, ob es sich dabei um Schreibmaschinen-, Näh-, Koch-, Sprach-, Mal-, Chemie- oder Mathematikkurse oder um philosophische, politische, pädagogische oder andere Lern- und Arbeitsgruppen handelt. Die Stoffspezifität wird zwar häufig als Argument angeführt, in der Erwachsenenbildung beruht sie jedoch auf einem entscheidenden, grundsätzlichen Irrtum, wenn man sich nüchtern fragt, was eigentlich der Erwachsene in solchen Gruppen sucht. Solange wie man glaubt, sich mit der Erkenntnis beruhigen zu können, daß hier eine reine Faktensuche vorliege, wird man einen wesentlichen Teil der Motivation verfehlen, der dann auch für den Lernprozeß ungenutzt bleibt, ja ihn sogar hemmen kann. Außerdem wird übersehen, daß es sich um Erwachsene handelt, die nicht einem Lernzwang unterliegen, sondern die aus eigenem Entschluß gekommen sind. Solange dies zu wenig berücksichtigt wird, neigen die meisten Kursleiter dazu, die ursprünglich am eigenen Leibe erfahrene Schulpädagogik auf die Erwachsenen übertragen zu wollen, womit diese künstlich infantilisiert werden. Dies aber kann niemals Ziel der Erwachsenenbildung sein.

Betrachtet man z. B. die drei Grundstufen des Entraînement Mental (EM)[4] genauer, so erkennt man auch, daß sie gleichzeitig, ohne daß dies angestrebt wurde, in gewisser Weise gegen die in den irrationalen Grundannahmen dargestellten drei Möglichkeiten der infantilen Regression gerichtet sind, die sich in Gruppen aus den vorgenannten Gründen ergeben. Dies ist umso erstaunlicher, als das EM zunächst als Methode rein stoffzentriert zu sein scheint. Man kann hier einwenden, daß dies bereits eine Interpretation des EM sei. Unter Bezug auf die im ersten Kapitel hier dargestellten, emotionalen Gegebenheiten lohnt sich der Methodenvergleich jedoch, um daran deutlich zu machen, daß sich die Gruppendynamik weniger auf den jeweiligen Stoffinhalt als auf die Verhaltensweise bezieht. Man wird in der einen Richtung genauso wenig erfolgreich sein können, ohne die Beachtung der zweiten Ebene wie umgekehrt. Verfolgen wir dies kurz an den drei Stufen des EM:

Die erste auf den Stoff bezogene Stufe: Information, Bestandsaufnahme, entspricht dem Bedürfnis aller Teilnehmer, mehr über den einzelnen Teilnehmer und den Gruppenleiter zu wissen: Wer sind wir? Wer bin ich? Wie sehen wir wirklich aus, woran erinnern mich der Leiter, die Gruppenmitglieder? Womit kann ich sie vergleichen, wie kann ich sie mir vertraut machen? Es ist also nicht nur die Fremdheit des Stoffes, sondern auch die Fremdheit des neuen Bezugsfeldes. Sobald man sich selbst an den Eintritt in den Kindergarten, die Schule, das Gymnasium, Wechsel der Umgebung oder der Hauptbeziehungspersonen erinnert, wird mindestens aus der Erinnerung verständlich, daß sich der Teilnehmer einer neuen Arbeitsgruppe gegenüber einem neuen Stoff in einer ähnlichen Situation befindet. Man darf dabei jedoch nicht voneinander trennen: Hier Information und Bestandsaufnahme über den neu zu bewältigenden Stoff, dort über das Bezugsfeld der Gruppenteilnehmer. Vielmehr ist beides konstant ineinander verschränkt und wird gerade an der Art der Stoffbewältigung sichtbar. Letztere sollte vom Gruppenleiter aus jedoch nicht nur mit den rationalen, sondern mit den zugleich ablaufenden, affektiven Prozessen in Verbindung gebracht werden.

Wohl kaum eine Gruppe würde diese Fragen beantworten können, ohne ein sachbezogenes Medium, dessen Gegenstand eine Antwort durch die zur Sache Stellung nehmenden Gruppenteilnehmer erwarten läßt. Diese Antwort ist jedoch auf einer anderen Ebene zugleich eine Antwort auf die Frage nach der eigenen und der fremden Person, ihrer emotionalen Qualitäten und ihrer Erlebnisweise.

Die zweite, auf den jeweiligen Stoff bezogene Stufe des E. M. empfiehlt das Vergleichen und Unterscheiden. Im E. M. sollen die historische Verflechtung des Gegenstandes, seine Einordnung in die Kategorien von Zusammenhängen, Ursachen und Folgen auf dieser zweiten Stufe bearbeitet werden. Wendet man die Kategorie des Vergleichens und Unterscheidens auf die Beziehungen der Gruppenteilnehmer an, so spielt sich gleichzeitig ein ähnlicher Prozeß auf der Ebene der interpersonellen Beziehungen ab, und zwar unabhängig vom jeweiligen Stoffinhalt der Lern- oder

Arbeitsgruppe. Die Begegnung von Teilnehmern einer Gruppe, die sich zuvor nicht kannten, löst eine innere Reaktion aus. Inhalt dieser Reaktion ist das Vergleichen und Unterscheiden des Anderen von der eigenen Struktur. Der Gedanke etwa des einzelnen Teilnehmers: *„Aha, das ist also ein X-Typ, — ähnlich wie Herr Y in Z in seinen Auffassungen, — ganz anders als ich!"*

Oder: „Ja, — so ähnlich denke ich auch, — das unterscheidet sich nicht sehr, nur hätte ich es nicht so gut — (besser) — gekonnt...!" kennzeichnet den Wunsch, sensibler auf die Verschiedenheit der anderen Mitglieder zu reagieren, Zusammenhänge deutlicher zu sehen, die Ursachen und Folgen eigenen und fremden Handelns genauer in die Gesetzmäßigkeiten einzuordnen.

Der Bezug zum Gegenstand hat auf der emotionalen Ebene also eine Parallelentwicklung. Das eine kann sich nicht vollziehen ohne das andere, da andernfalls genau der von *Matzat*[5] beschriebene Zustand eintritt, daß Teilnehmer der Gruppe anderes hören oder sich an völlig anderen Stellen befinden. Dies wird umso stärker der Fall sein, als der gleichzeitig stattfindende, emotionale Entwicklungsschritt häufig übersehen wird. Vergleichbarkeit, Definition, historische Verflechtung und Einordnung; Ursache und Folge sind nicht nur auf den jeweiligen Stoff bezogene Kategorien, sondern durch die Anwendung auf den jeweiligen Stoffinhalt werden diese Kategorien zugleich im Bezugsfeld der Mitglieder angewandt. (Beispiel: In einem Kurs über anorganische Chemie wird die Wertigkeit der Elemente und deren Bedeutung für chemische Verbindungen behandelt. Der Stoffinhalt bewegt sich auf der abstrakt-rationalen Ebene von Kochsalz als Verbindung von Natrium und Chlor. Der Stoffinhalt mobilisiert jedoch gleichzeitig affektive Sprengstücke und Erinnerungen, in denen z. B. die Begriffe Verbindung, Wertigkeit, Valenzen u. a. des chemischen Begriffsvokabulars eine andere, unbewußte, affektiv besetzte Bedeutung haben. Diese gleichzeitige Bedeutung kann durch affektive Sperren oder Abwehrvorgänge zum Lernhindernis werden, sie kann jedoch in einer angstfreien Atmosphäre durchaus auch stimulierend wirken, wenn gelegentlich die andere Bedeutung als Analogie zur humorvollen Erläuterung herangezogen wird und dann entlastend wirkt. Auch hier gilt der Grundsatz, daß Vertrautes eher angenommen wird, je näher es dem subjektiven Bedeutungsgehalt kommt. Es liegt also im Ermessen des Lehrenden, sich und den Teilnehmern den Lernvorgang zu erschweren oder die andere Ebene mit einzubeziehen, z. B. durch Hinweise auf die gleichzeitig bestehende affektive Situation, die dadurch bewußt und handhabbar, also zugänglich wird.)

Schließlich offenbart die dritte auf den Stoff bezogene Stufe des EM deutlich eine Parallele zum Begriff der Reife einer Gruppe innerhalb der Gruppendynamik: Es erfolgt beim EM der Rekurs auf die eigenen Grundsätze des Handelns, Denkens und Fühlens, bezogen jeweils auf den Sachgegenstand. Die Frage nach den Wertmaßstäben appelliert an ein gemeinsames Gruppenideal. Hier liegt freilich auch die Gefahr konformistischer Verbiegung bei einer autoritären Führung. Wenn man im Rahmen des EM gefragt wird, welche Hilfsmittel stehen der Erkenntnis zur Verfügung, dann erhebt sich auch die Frage, bedarf nicht jeder eines anderen, um sich selbst sehen zu können, wie er ist? Und schließlich die Frage des EM: Auf welche Weise kann ein gestecktes Ziel realisiert werden? Sie ist gleichbedeutend mit der verborgenen Frage der Gruppendynamik: Wie kann der Teilnehmer in dieser Gruppe sich wandeln, seine Identität verändern, so daß sie mit dem als richtig Erkannten übereinstimmt? Auf diese Weise wäre das Ziel der Erwachsenenbildung, Verhalten durch freiwillige Entscheidung zu verändern, tatsächlich erreichbar, wenn zugleich berücksichtigt wird, daß Erfassen und Durchdringen eines Gegenstandes eine Identifizierung mit dem Gegenstand zumindesten vorübergehend erfordert, also hinter den rationalen, vordergründigen Prozessen weitgehend vorbewußte, z. T. jedoch völlig unbewußte Prozesse ablaufen.

Die Analyse und Beobachtung der Entwicklung affektiver Prozesse in einer Lerngruppe vermag so dem Gruppenleiter und den Teilnehmern Aufschluß darüber zu geben, an welcher Stelle sie sich tatsächlich befinden.

[1]) *S. Freud:* Massenpsychologie und Ich-Analyse. Bd. III, Imago, London.
[2]) *Fr. Nietzsche:* Jenseits von Gut und Böse. Stuttgart 1959, S. 78.
[3]) *A. Schopenhauer:* Parerga in Paralipomena 2. Teil Bd. XXXI. Gleichnisse und Parabeln.
[4]) *K. Lorenz:* Das sogenannte Böse. Wien 1963.
[5]) *M. Buber:* Dialogisches Leben. Zürich 1947.
[6]) Methodik der Erwachsenenbildung im Ausland „Entraînement mental". Heft 10, Arbeitsunterlagen für Volkshochschulen. DVV, 1965.
[7]) in: Methodik der Erwachsenenbildung im Ausland „Entraînement mental".

KOMMUNIKATION,
ABWEHR UND LERNVORGÄNGE

Ziel der bisherigen Darstellung war es, die individuell verschiedenen, in einer Gruppe aufeinandertreffenden Mitglieder auf ihre
Wirkungen hin zu untersuchen, von denen die Arbeitsmöglich-
keiten der Gruppe beeinflußt werden. Die Einbeziehung der Erkenntnisse der Entwicklungspsychologie war dabei unvermeidlich,
da jeder Lernprozeß ursprünglich entwicklungsgeschichtlich tiefer-
liegende Lernmodelle wiederholt. Der Kursleiter der Erwachsenenbildung steht deshalb beim Beginn seiner Arbeit meist vor zwei
konkreten Problemen:

1. Er muß ausreichende Kommunikationsmöglichkeiten zwi-
    schen sich selbst und jedem Gruppenmitglied herstellen,
    wenn er seine Absicht verwirklichen will, angebotenen
    Lehrstoff zum selbständigen, dem einzelnen frei ver-
    fügbaren, neuen Wissensinhalt werden zu lassen.

2. Er muß Kommunikationen der Gruppenmitglieder unter-
    einander herstellen können, die eine konstruktive Zu-
    sammenarbeit in der Bewältigung des jeweils vorliegen-
    den Gegenstandes ermöglichen. Dabei kann es zu stören-
    den Einflüssen in Form von Abwehr und Widerständen
    einerseits oder zu einer zu engen Anlehnung und
    Cliquenbildung innerhalb der Gruppe andererseits kom-
    men. Beides kann die konkreten Lernmöglichkeiten er-
    heblich behindern.

Es sollte nicht übersehen werden, daß sich jeder Vortragende und
jeder Kursleiter beim Kommunikationsversuch ebenso wie die

Gruppenmitglieder neben der sprachlichen Kommunikation auch nicht-sprachlicher Mittel bedient (praeverbale Kommunikation: z. B. suchende Blicke, Ausdrucksbewegungen, Zustimmungen durch Kopfnicken, Ablehnung durch Kopfschütteln oder skeptischen Gesichtsausdruck, Betonungen oder Reaktionen durch Veränderung der Mimik, unbewußte Mitbewegungen usw.). Akzeptieren wir jedoch, daß neben und z. T. unabhängig vom Stoffinhalt gleichzeitig affektive Prozesse stattfinden, deren Bedeutung ein kommunikatives Ziel hat, so bekommen die in einer Gruppe sich entwickelnden Interaktionen der Gruppenmitglieder eine diagnostische Bedeutung, die für den Lernprozeß von Nutzen sein kann, sofern der Kursleiter sie beachtet.

Die erste Frage in einer Arbeitsgruppe, die meist nicht gestellt wird, könnte sich ohne weiteres auf die Erwartungen der Mitglieder richten. Da diese Frage von den Teilnehmern selten erwartet wird, gibt sie zugleich auch Aufschluß über die tatsächliche Situation in einer Gruppe. Nur einige Gruppenmitglieder sind im allgemeinen in der Lage, ihre Erwartungen, mit denen sie die Gruppe oder den Kurs erstmalig besucht haben, auch klar sprachlich zu formulieren. Der durchschnittliche Ablauf enthält dann im Beginn entweder zunächst die Rückfrage eines Mitgliedes, was eigentlich mit dieser Frage für Erwartungen gemeint seien oder ein allgemeines Unbehagen. Die Reaktion auf diese Frage zeigt zugleich meist auch den ersten Versuch an, die Selbständigkeit der Teilnehmer zu leugnen und eine Abhängigkeit der Antwort von den Erklärungen, Ergänzungen oder Erläuterungen des Gruppenleiters zu konstruieren. Man tut gut daran, den Rückfragenden im inneren als den potentiellen Opponenten der Gruppe im Bewußtsein zu behalten und die Frage nur dahingehend zu beantworten, daß sie keiner weiteren Ergänzung bedarf, da klar nach den Erwartungen gefragt wurde, mit denen der einzelne hergekommen sei. Der scheinbaren Gegenfrage nach genauerer Abklärung, die in Wirklichkeit dem Kursleiter die Initiative zuschieben will, um dann besser argumentieren zu können, folgt nach ruhiger Wiederholung der Erwartungsfrage meist eine Formulierung durch einen Teilnehmer, die auf den angekündigten

Stoff bezogen ist. Je individueller diese Erwartung, etwa durch die Einbeziehung und Darstellung der eigenen vorausgegangenen Interessen und Erfahrungen ist, desto eher ist damit zu rechnen, daß dieses Gruppenmitglied auch in der Zukunft eine persönliche Interessenvariante vertreten wird. Der Dialog kann sich nun in zwei Richtungen entwickeln: Entweder ein großer Teil der Gruppenteilnehmer bestätigt durch averbale Kommunikationen weitgehend die vom ersten Mitglied zum Ausdruck gebrachten Erwartungen, oder aber ein anderes Gruppenmitglied setzt den geäußerten Erwartungen eine Variante entgegen, die viel allgemeiner formuliert ist, wenn die vorausgegangene Stellungnahme mehr persönlicher Art war oder umgekehrt.

Bleiben weitere Reaktionen auf die erste Formulierung der Erwartung aus, so ist damit zu rechnen, daß die Gruppe durch weitgehend passives, konformes Verhalten den Kursleiter baldmöglich zur Aktivität bringen will. Seine Kommunikation wird deshalb darauf abzielen müssen, möglichst viele persönliche Beziehungen der Mitglieder zum Lerngegenstand anzubieten.

Folgt dagegen einer individuellen Erwartung eine allgemeinere Formulierung, so wird dies deshalb unterbleiben müssen, weil die Zweitstimme der allgemeineren Erwartung dem Kursleiter signalisiert, daß die Mehrzahl der Teilnehmer dieser Gruppe möglichst lange neutral zu bleiben wünscht. Die Gruppendynamik geht dabei von der Erfahrung aus, daß die Äußerungen von Mitgliedern im Beginn der Kommunikation einer Gruppe nicht zufällig sind. Vielmehr läßt sich nachweisen, daß die unbewußte Erwartungshaltung der einzelnen Teilnehmer sich durch schweigend passives Verhalten der Mehrzahl eines bestimmten Mitgliedes bedient, das eine erste Kommunikation stellvertretend für die anderen zum Ausdruck bringt. Diese Tatsache scheint das Selbstbewußtsein des einzelnen zunächst zu kränken, aber aus einem anderen Zusammenhang ist jedem Menschen durchaus vertraut, daß eine Gruppe von Menschen in der jeweils spezifischen Situation das individuelle Rollenangebot einzelner abwartet. Das ist keineswegs eine geheime Verabredung oder Magie, sondern eine Verhaltensgesetzmäßigkeit, deren Erkenntnis leichter fällt, wenn man die vorausgehenden, averbalen Kommunikationsformen genauer beachtet, die vor jeder sprachlichen Äußerung liegen.

Der Kursleiter wird nach einer von ihm ausgesprochenen Anfangs- oder Erwartungsfrage unwillkürlich selbst im Kreise der Gruppenmitglieder prüfend Umschau halten, wer zu dieser ersten Frage Stellung nehmen will. Diesem prüfenden und fragenden Blick entzieht sich ein Teil der Mitglieder durch unbewußte Identifizierung mit dem Kursleiter. Diese Mitglieder beginnen nun ihrerseits fragend im Kreis der anderen Umschau zu halten. Den auf diese Weise sich summierenden Blicken entzieht sich ein anderer Teil der Mitglieder, indem er die Augen senkt und vor sich hinblickt, oder den Blick gegen die Decke oder auf irgend einen Gegenstand im Raum richtet, während andere Teilnehmer sich intensiv einem mitgebrachten Schreibblock widmen, umständlich Zigaretten oder Pfeifen entzünden oder andere Ausweichbewegungen vollführen. In dieser Zeit wird das Schweigen lastender, wenn der Gruppenleiter es stehen läßt. Die unbewußte Kommunikation der Mitglieder hat jedoch inzwischen abgetastet, welche Teilnehmer den Kursleiter nach wie vor ansehen, nachzudenken scheinen und unwillkürliche, ihnen selbst unbewußte Aktionsbewegungen aufzuweisen haben, die auf eine direkte Beziehung zum Gruppenleiter hindeuten. Jeder nüchterne Beobachter solcher Anfangssituationen wird eine Grundhaltung bestätigt finden, die in der angelsächsischen Gruppendynamik formuliert ist: *„Why stick my neck out"* (Warum soll ich meinen Kopf hinhalten)? Der Ablauf dieser stillen Sekunden oder Minuten weist aber auch darauf hin, daß ein Kursleiter häufig ohne jede reale Kenntnis der Teilnehmer über seine Person zunächst von vornherein als Autorität betrachtet wird, der genauso mit Vorsicht zu begegnen ist, wie den übrigen, unbekannten Gruppenmitgliedern.

Bei den sich zuerst äußernden Teilnehmern kann es sich daher sowohl um das widerstandsschwächste wie auch um das widerstandsstärkste Mitglied der Gruppe handeln. Äußert sich das widerstandsschwächste Mitglied, so ist zu erwarten, daß in der Gruppe eine relativ starke, konformistische Kohäsion entstehen wird. D. h. die Gruppe übt hier unbewußt einen Druck auf dieses schwächste Mitglied aus, um es vorzuschieben. Das Mitglied selbst realisiert dabei nicht, daß es zum Meinungs- und Kommunikationsträger der übrigen Gruppenmitglieder wird. Mit diesem Angebot der Gruppenteilnehmer soll der Kursleiter in eine allmächtige Position versetzt bzw. dazu verführt werden, die Phantasie von der Abhängigkeit und Unwissenheit der Gruppenmitglieder zu akzeptieren. Geht er darauf ein, so muß er zu einem späteren Zeitpunkt mit erheblichen Lernwiderständen rechnen, die sich gegen ihn richten, wenn die Gruppenmitglieder sich aus ihrem Abhängigkeitsgefühl ablösen wollen, das sie ursprünglich selbst errichtet haben.

Beginnt dagegen das widerstandsstärkste Mitglied, so wird der Kursleiter sich bewußt machen müssen, daß er keinen ausschließlichen Führungsanspruch anmelden darf, sondern besser sofort erkundet, wieviel andere Gruppenmitglieder der von diesem ersten Teilnehmer formulierten Erwartung oder Meinung zustimmen. Er kann dann weitgehend daraus das Verhältnis von primär aktiv bereitwilligen oder oppositionellen und den eine passive Gefolgschaft wünschenden Mitgliedern erschließen, zumal wenn er diesen zweiten Vorgang mit den Ergebnissen der vorausgegangenen averbalen Kommunikation der Gruppenmitglieder vergleicht.

Der häufigste Denkfehler, der noch lange beim Umgang mit Gruppen — gleich welcher Art — unterlaufen wird, ist die durch nichts gerechtfertigte Annahme, die Beziehung zwischen dem Kursleiter und dem einzelnen Teilnehmer sei jeder anderen Form einer dialogischen Beziehung zweier Individuen gleichzusetzen. Diese Annahme übersieht das Vorhandensein der Zeugen. Die anderen Gruppenmitglieder haben jedoch nicht nur die Bedeutung von Zeugen jeder sich unter ihrer Kontrolle entwickelnden Individualbeziehung, sondern sie beziehen Stellung und nehmen vom ersten Augenblick an innerlich Partei für oder gegen den jeweiligen einzelnen Vorgang. Trotz äußerer Ruhe oder Gelassenheit kann der einzelne Teilnehmer innerlich kaum neutral bleiben, auch wenn er dies nach außen vorgibt. Bedenkt man dabei den zuvor dargestellten Vorgang der Identifizierung, so verläuft auch die Kommunikation zunächst nach der von *Knowles* sehr einfach formulierten Regel: „*Von Bedeutung ist nur das, was für den einzelnen mit seiner bisherigen Erfahrungs- und Erlebniswelt übereinstimmt.*" Der Verlauf der Identifizierung erfolgt also in zwei Richtungen: Positiv im Sinne der Bestätigung der eigenen bisherigen Identität, negativ im Sinne einer Abwehr aller mit der bisherigen Identität nicht ohne weiteres in Übereinstimmung zu bringenden Inhalte.

Der Rückschluß, den die Methode der Gruppendynamik daraus zieht, ist einfach. Vielleicht erscheint er deshalb auch zunächst so kühn und erhält so viel Widerspruch, weil sich im allgemeinen der einzelne gegen die Tatsache sträubt, daß er ständig um Konsens und Bestätigung seiner Identität durch andere bemüht ist. Tatsächlich jedoch äußert sich in den Formulierungen der einzelnen Teilnehmer die augenblickliche Bewußtseinslage der Mehrzahl der Gruppenmitglieder. Das hat häufig zu so wissenschaftlich ungenauen, etwas soziomorphen Formulierungen geführt wie: *»Die Gruppe spricht«*, oder noch allgemeiner zu der falschen Annahme: *»Die Gruppe«* als selbständige Entität äußere Zustände ihres Bewußtseins oder ihrer Emotion. Tatsächlich jedoch behalten alle Gruppenmitglieder durchaus ihre Eigenständigkeit als Individuen, die sie nach Verlassen der Gruppe auch meist wieder voll erleben können, wenn auch häufig verändert durch neue Wahrnehmungen und Einsichten über sich selbst oder andere. Aber die von *Freud* sehr früh beschriebene Identifizierung der Gruppenmitglieder untereinander tritt dabei an die Stelle einer Objektwahl. D. h. jeder einzelne Teilnehmer einer Gruppe rechnet bei jedem Kommunikationsversuch mit dem Vorhandensein der anderen. Seine Einstellung hierzu ist jedoch ambivalent. Einerseits wird sein Bedürfnis, auf individuelle Weise in einer ausschließlichen Zweier- oder Dreierbeziehung mit dem Kursleiter allein zu kommunizieren, durch das Vorhandensein der anderen frustriert. Das löst unvermeidlich unbewußte, aggressive Regungen gegen die anderen, ihm im Wege befindlichen Teilnehmer aus. Andererseits aber zwingen gerade diese, als innere Gefahr empfundenen, aggressiven Regungen gegen die anderen Mitglieder, aufgrund unbewußter Vergeltungsängste dazu, auf die Verwirklichung solcher aggressiven Strebungen weitgehend zu verzichten. Dadurch wird die Identifizierung und der Zusammenhalt der Mitglieder untereinander verstärkt, während gleichzeitig die aggressiven Strebungen gleichsam als Machtzuwachs dem Gruppenleiter zugeschoben werden.

Diese Identifizierung der Gruppenmitglieder untereinander bedeutet jedoch praktisch, daß die Gruppenteilnehmer dabei die verschiedensten Mitglieder dazu benutzen, um bestimmten, jeweils wechselnden Kommunikationsbedürfnissen gegenüber dem Gruppenleiter Ausdruck zu verleihen. Versteht nun der Kursleiter diese Äußerungen nur als rein individuelle Kontaktstrebungen eines einzelnen Gruppenmitgliedes, so werden die anderen Gruppenmitglieder ihre Intention, durch diesen Teilnehmer ihre eigenen Gefühle oder Meinungen zum Ausdruck bringen zu lassen, solange verstärken, bis sie den Eindruck haben, daß der Kursleiter das angebotene Problem verstanden und angenommen hat. Sie werden aber auch, wenn dieser das Problem nur als individuelles Fehlverhalten eines einzelnen mißversteht, daraus leicht das Recht ableiten, dieses Mitglied auszuschließen bzw. zum Schweigen zu bringen, weil seine Kommunikationsbemühungen im Auftrage der übrigen Gruppenmitglieder als gescheitert anzusehen sind. Damit wird aber der abgewiesene Inhalt zugleich für alle übrigen Gruppenmitglieder in die Verdrängung gezwungen.

Aus diesem Grunde ist es wichtig, die Äußerung eines Gruppenmitgliedes nicht nur als ausschließliche, individuelle Meinung oder Schwierigkeit zu interpretieren und zu übergehen, sondern die übrigen Mitglieder gerade dann durch Rückfrage zu veranlassen, sich gleichzeitig zu Dolmetschern der auftretenden, scheinbar individuellen Kommunikationsschwierigkeiten zu machen. Die unvermeidliche Identifizierung der Teilnehmer untereinander — in welchem Umfang immer sie eintritt — führt im Falle der Abweisung e i n e s Mitgliedes durch den Kursleiter zu der unbewußten Befürchtung, jeder andere könne das gleiche Schicksal erleiden. Die Folge ist, daß ein Teil der Gruppe sich mit dem abweisenden Kursleiter identifiziert und nun in gleicher Weise wie er mit anderen Teilnehmern verfährt, während sich ein anderer Teil als passives Opfer solcher Bemächtigungsbedürfnisse empfindet. Im allgemeinen stammen dann aus dem Kreis der letzteren gerade jene Teilnehmer, die scheinbar ohne jeden ersichtlichen Grund nach einiger Zeit plötzlich nicht wiederkehren, häufig genug jedoch aber nach mehreren Erfahrungen dieser Art für die Erwachsenenbildung ein für allemal verloren sind. Hier wäre z. B. ein objektivierbares Kriterium, wenn man Gründe für den Rückgang der Teilnehmerzahlen innerhalb der Erwachsenenbildung sucht. Aber auch der andere, durch aktive Identifizierung dem Kursleiter folgende Teil vermag das Ausbleiben der schwächeren Gruppenmitglieder nicht ohne unbewußte eigene Schuldgefühle hinzunehmen. Dadurch verstärkt sich der aggressive Kampfstil einer Lerngruppe u. U. so stark, daß der Kursleiter am Ende selbst zum Objekt der Angriffe wird, die dann, eingehüllt in Sachdiskussionen, konsequente Folge der Anfangsirrtümer sind. Diese anfängliche Täuschung besteht darin, anzunehmen, es handele sich bei der Stellungnahme eines Teilnehmers um eine ausschließlich individuelle Äußerung, die mit den übrigen Teilnehmern nichts zu tun habe. Demgegenüber wird im einzelnen nach folgenden Kriterien die Verhaltensweise und Kommunikation von Gruppenmitgliedern nüchtern abzuschätzen sein:

1. Handelt es sich um eine spezifische Stoffschwierigkeit, oder wird diese dazu benutzt, um andere Kommunikationsprobleme und -bedürfnisse zu signalisieren?

2. In welchem Umfang stellt die Äußerung des einzelnen Teilnehmers zugleich einen Teilaspekt einer größeren Zahl von Kursteilnehmern dar, die sich dieses Mitgliedes bedienen, um ihre eigenen Kommunikations- oder Stoffschwierigkeiten zu signalisieren, ohne sich selbst dabei exponieren zu müssen? (Windschatten-Prinzip).

3. Handelt es sich bei dem solche speziellen Probleme äußernden Gruppenmitglied um einen widerstandsschwachen oder widerstandsstarken Teilnehmer?

113

a) Der widerstandsschwache Teilnehmer signalisiert eine verborgene Opposition der Gruppe. Die Mehrzahl der Teilnehmer wartet hinter einer versteckten Agenda ab, wie sich der Kursleiter verhalten wird. Geht er auf das Problem ein, so formiert sich ihre Meinung und ihre Opposition in deutlicheren Einzeläußerungen und wird auf diese Weise lösbar und bearbeitungsfähig. Weist er jedoch das Problem als zu individuell ab, so bestrafen die Teilnehmer dieses widerstandsschwächste Mitglied anstelle des Kursleiters, während ihre Angst vor letzterem und gegeneinander anwächst.

b) Der widerstandsstarke Teilnehmer signalisiert eine offene Opposition der Gruppe. Die Gruppenteilnehmer warten den Ausgang der Auseinandersetzung mit dem Kursleiter ab, jederzeit bereit, den Oppositionsführer zu unterstützen, um die Führungsaufgabe untereinander verteilen zu können. Versucht der Gruppenleiter etwa, diese Opposition niederzukämpfen, so beginnen die Teilnehmer, ihm Fallen zu stellen oder wenden deutlich ihr Interesse vom Gegenstand ab, während der schwächere Teil der Teilnehmer eine Art brave Gefolgschaft herzustellen versucht. Dieser kleinere Teil wird im ganzen jedoch ängstlicher, überhaupt noch eine eigene Stellungnahme zu äußern. Die Gruppe spaltet sich auf, wenn die Führung nicht als Funktion an die aktiveren Teilnehmer verteilt wird.

Auch das Auftreten dysfunktionaler Rollen (z. B. Dauerfrager mit kleinlichen Einwendungen, Ablenkung vom Thema, Privatbeschäftigungen, Unaufmerksamkeit, störende Privatunterhaltungen mehrerer Teilnehmer, blockieren, Witze machen, wegführende Zwischenfragen außerhalb des Themas usw.) sowie das allgemein störende Verhalten einzelner oder mehrerer Gruppenteilnehmer und eine zunehmende Schärfe der Kritik am Stoff sind meist die Folge des Übersehens solcher dynamischen Abläufe. Es kann keinem Zweifel unterliegen, daß einerseits diese Vorgänge die sachliche Arbeit am Stoff mehr und mehr erschweren können, zugleich jedoch auch den Kursleiter zu einem stärkeren autoritären Verhalten verleiten, durch das er sich ins Unrecht setzt. Die Teilnehmer führen dann die stärkeren Oppositionsführer ins Feld bis der Kursleiter endlich bereit ist, die Führung als Funktion mit diesen zu teilen.

Die Hypothese *Husén's,* es handele sich um Erwachsene, ist solange richtig, als die Erwachsenenbildung durch genügend differenzierte Lehrmethoden und reflektierte Bewußtheit der Lehrenden jede Infantilisierung der Teilnehmer vermeidet. Werden jedoch die Signale der Abwehrvorgänge übersehen und bleiben unbearbeitet — d. h. der Kursleiter versäumt die Kommunikationsschwierigkeiten einzelner Teilnehmer als mögliches Problem aller Mitglieder der Gruppe anzubieten, zu interpretieren und zu bearbeiten, wodurch er sich selbst in Frage stellt und die Gruppenmitglieder zu konstruktiver Kritik, Mitarbeit und konkreter Mithilfe aufruft und ermutigt —, so ist eine Regression der Teilnehmer zu nicht-erwachsenen Haltungen und Einstellungen fast unvermeidlich. Dabei bedienen sich nahezu alle Erwachsenen sehr leicht und schnell früherer Modelle aus den Vorerfahrungen in Schule und Familie. Die Ursache liegt jedoch dann nicht, wie viele, narzißtisch gekränkte Kursleiter in der Erwachsenenbildung (und viele Lehrer der höheren Schule) meinen, in der Undankbarkeit, in mangelnder Intelligenz oder einer gegebenen Infantilität und Unreife der Teilnehmer, sondern oft in dem infantilisierenden, autokratischen Lehrstil des unreflektiert Lehrenden. Er erschwert selbst den Lernvorgang, weil er hartnäckig sich auf das Verhalten der Lernenden beziehen zu können glaubt, ohne die Wirkungen des eigenen Verhaltens im irrationalen Kontext der Äußerungen seiner Gruppenmitglieder wahrzunehmen. Es bestätigt sich dabei lediglich die entwicklungspsychologisch nachweisbare Tatsache, daß Menschen zwar die Getrenntheit von Subjekt und Objekt als unvermeidliche Gegebenheit im rationalen Diskurs anerkennen, dennoch aber gleichzeitig eine irrational begründete

Einheit von Subjekt und Objekt ersehnen und erwarten. Die Kommunikationsmöglichkeiten sind umso stärker, als durch Empathie (Einfühlung) in der zumindesten vorübergehenden Identifizierung mit den Lernenden der Lehrende selbst versteht, deren Bedürfnisse nach solchen mehr emotional begründeten Übereinstimmungen mit zu berücksichtigen. Erst die Anerkennung des Bedürfnisses nach emotionalem Konsens ermöglicht es dann, die Frustration der unvermeidlichen Getrenntheit von Subjekt und Objekt innerlich zu akzeptieren. Auf eine einfachere Formel gebracht: Erst wenn der Lernende das von ihm selbst nicht näher zu bestimmende Gefühl entwickelt hat, vom Lehrenden die Anerkennung zu bekommen, ein selbständiges, entwicklungsfähiges Subjekt sein zu können, nicht aber Objekt der wie auch immer vielleicht gut gemeinten Manipulationen des Lehrenden zu werden, wird er die regressive Tendenz aufgeben und progressiv unter Überwindung seines Unlustwiderstandes konkret lernen können. Dieses Gefühl wird oft von Teilnehmern an der Erwachsenenbildung ausgedrückt. Man muß nur hellhörig genug sein, um z. B. als scheinbar draußen vor der Tür wartender Unbeteiligter die verschiedenen Gesprächsfetzen nach einzelnen Kursen aufzufangen: *„Ich weiß nicht, — jedesmal komme ich mir dümmer vor!"* — *„Wir sind alle so doof, heute haben wir gar nichts mehr kapiert"* — *„Wenn das so weitergeht, höre ich auf. Da sind immer nur so ein paar Klugredner, aber wir anderen sind einfach ein Dreck!"* — *„Es war ganz interessant, — aber die meisten haben einfach keine Bildungsgrundlagen!"* usw.

Aber auch in den Kursen selbst fallen solche Äußerungen: *„Entweder sind wir hier alle zu dumm, oder wir machen irgend etwas falsch!"* — *„Der redet so schön, — ich verstehe zwar gar nichts, aber ich könnte stundenlang zuhören!"* — *„Wenn man hier nur einmal das Gefühl hätte, wirklich mitkommen zu können. Ich weiß ja nicht, ob es mir allein so geht, aber ich habe einfach Schwierigkeiten!"*

Es wäre grundfalsch, in solchen Äußerungen lediglich das Mißbehagen einzelner, unterbegabter Teilnehmer zu sehen. Im Kontext einer Lerngruppe muß der Lehrende vielmehr hellhörig werden und seine Lehrmethode überprüfen. Es sei denn, er hätte sich auf ein Routineverfahren eingestellt, mit dem er sich dann darauf beschränkt, ein begrenztes Bildungsangebot gleichsam als Konsumgut günstig zu verkaufen. Mit Erwachsenenbildung im eigentlichen Sinne hätte dies allerdings nur noch wenig zu tun.

Faßt man das Ergebnis dieser Überlegungen zusammen, so lehrt die Prozeßanalyse der Gruppendynamik, daß ausreichende Kommunikation im Bereich der affektiven Prozesse, vor allem aber die Bearbeitung der unbewußten emotionalen Abwehr eine Grundbedingung für Lernvorgänge ist, die erst das Verständnis des Stoffes vorbereitet. Gewiß hätte die Erwachsenenbildung mit weniger Schwierigkeiten zu kämpfen, wenn die Berücksichtigung und Anwendung dieses Wissens bereits in Schule und Familie, in der Erziehung des Kindes und der Jugendlichen zur Regel geworden wäre. Man kann jedoch pädagogische Irrtümer nicht ad infinitum verlängern, ohne ein zunehmendes Bildungsdefizit und damit schwerwiegende soziale und sozialpsychologische Folgen zu riskieren. Beginnt man aber den Stil der Erwachsenenbildung in jene notwendige Zielrichtung einer Verhaltensänderung umzuwandeln, so wird man ohne die Grundregeln der Gruppendynamik zu kennen und zu praktizieren deshalb keine tatsächlichen Änderungen erzielen, weil die Fähigkeit zur realistischen Selbstwahrnehmung ausgeschlossen wird. Die Erlernung der umfangreichsten, psychologischen Tatbestände auf rein rationalem Wege hätte allenfalls zur Folge, daß ein gegebener psychischer Sachverhalt zweimal vorhanden ist. Eine Änderung würde nicht eintreten. Vielmehr existiert der Sachverhalt dann einmal als Ergebnis rationaler Überlegungen, unverändert davon jedoch gleichzeitig dort, wo er sich im Erlebnisbereich tatsächlich befindet. Überprüft man z. B. das Interesse von Teilnehmern der Erwachsenenbildung an psychologischen Sachverhalten genauer, so gilt es primär der Aufklärung und Erhellung eigener Schwierigkeiten spezifischer Art. Dies bestätigt *Knowles'* These, daß im Grunde der Teilnehmer nur dann Zugang zu einem Sachverhalt findet, wenn dieser etwas mit seinen bisherigen, persönlichen Erfahrungen und Erlebnisweisen zu tun hat.

Man mag einwenden, daß diese spezifische Interessenrichtung bei manchen Sachinteressen und Fächern nicht gegeben sei. Dieser Einwand übersieht jedoch, daß jede Bemühung um Weiterbildung die spezifische, persönliche Zielsetzung einer Ich-Erweiterung hat, welcher Art immer das Ziel im einzelnen sein mag. E i n psychologischer Sachverhalt bleibt deshalb stets gegeben: Die Hoffnung — realistisch oder nicht —, daß die Teilnahme an einem Kurs durch die Fähigkeiten des Lehrenden und die Kommunikation mit anderen Lernwilligen eine Veränderung in eine gewünschte Richtung bewirkt. Diese Hoffnung ist rückbezogen auf bisherige Erfahrungen und wird in der Phantasie vorausentworfen auf zu erwartende, erwünschte oder gefürchtete neue Bezugsgruppen und Personen.

Wie zahlreiche Untersuchungen heute zeigen, ist Lernen ein komplizierter Vorgang, dessen früher, aber wesentlicher Anfang in der Identifizierungsmöglichkeit und in einer teilweisen Introjektion von Vorbildwirkungen zu suchen ist. Alle Einflüsse, die dieser Identifizierung und partiellen Introjektion einer lehrenden Gestalt hindernd im Wege stehen, bedeuten zugleich auch einen Lernwiderstand. Es ist eine Illusion anzunehmen, Erwachsene hätten nur, weil sie Erwachsene wären, a priori einen rein sachlichen, rationalen Beziehungsmodus zum Stoff, bei dem emotionale Faktoren von vornherein ausgeschlossen seien. Diese Vorstellung ist ähnlich fiktiv wie die Überzeugung, Schüler würden von einem bestimmten Augenblick und Alter an nicht mehr durch die Person des Lehrers irritiert oder gefördert und könnten rein um der Sache willen lernen. Es ist eher anzunehmen, daß in einem Gesellschaftsklima zunehmender emotionaler Verarmung und Verkarstung bei gleichzeitig primitiver werdender, unkontrollierter Affektreizbarkeit, das Bedürfnis nach personaler Beziehung als Geborgenheitsgrundlage für Lernvorgänge anwächst. Dafür spricht der zunehmende Mangel an produktiven Gesellungsformen und die wachsende Verminderung mütterlicher oder väterlicher Qualitäten bei gleichzeitig verstärkten Bedürfnissen danach. Passivrezeptive Erlebnisweisen der Massenmedien und die soziale Isolation des einzelnen in der technischen Welt verstärken die Kommunikationsscheu bei gleichzeitig erhöhtem Kommunikationsbedürfnis.

Es gilt daher, in der Erwachsenenbildung diese Abwehr, die sich im Grunde gegen das verleugnete, aber verstärkte Anlehnungsbedürfnis richtet, dadurch aufzulösen, daß die Kommunikationserlebnisse den Gruppenteilnehmer nicht abschrecken und in eine weitere Flucht vor der Realität treiben, sondern ihm vielmehr durch die Kommunikation die Wahrheit der eigenen und der fremden Realität auf kooperative, hilfreiche Weise vermitteln. Der erste Schritt hierzu ist die Beobachtung der Kommunikationsversuche von Gruppenteilnehmern vom ersten Augenblick an, die Erkenntnis der signalisierten Inhalte und ihre Nutzung für die unmerkliche Bearbeitung der Beziehungsproblematik am jeweiligen Stoff. Der Einwand, nicht jedes Fach eigne sich für die Beobachtung und Berücksichtigung dieser Vorgänge, löst sich auf, sobald man den Lernprozeß als einen Vorgang wahrnimmt, der auf einer zwischen zwei Polen gleitenden Skala abläuft: Während am einen Pol extrem emotionale Faktoren den Ausschlag bilden, besteht am anderen Pol ausschließlich eine rational-diskursive Distanz zwischen Subjekt und Objekt. Der Lernprozeß selbst findet jedoch zwischen diesen beiden Polen statt, d. h. er bildet eine Mischung aus emotionalen, personbezogenen und rationalen, gegenstandsbezogenen Faktoren. Der Kommunikationsvorgang in einer Lerngruppe spiegelt die Prävalenz solcher Vorgänge in der Mehrzahl der Teilnehmer wider, und zwar schon durch die jeweilige Artikulation des einzelnen Mitgliedes.

Bleibt die Einzelkommunikation des Mitgliedes für den Lehrenden gleichzeitig in seinem Bewußtsein stets auch ein Signal für die Erlebnisweise einer größeren Gesamtheit der Teilnehmer, so läßt sich der Lernprozeß entsprechend den wechselnden emotionalen und rationalen Bedürfnissen der Gruppenmitglieder lenken. Wird dies jedoch übersehen, so stehen die emotionalen Widerstände dem rationalen Lernprozeß entgegen, wie umgekehrt rationale Argumentation zur Abwehr notwendiger emotionaler Lernprozesse innerhalb der Gruppe werden kann. Das allgemeine Bildungssystem neigt bisher zu einer Verleugnung der emotionalen Be-

teiligung. Nicht zuletzt dadurch tritt jener, allen nüchtern beobachtenden Dozenten bekannte Effekt ein, den man als »fading«
des Hörers bezeichnen könnte. Dabei ist durchaus zu erwarten,
daß dieser im Geiste nicht vorhandene Hörer schließlich auch
real entschwindet, wenn man nicht anerkennen will, daß der ge-
nannte Effekt Ergebnis der jeweiligen Lehrmethode ist.

Man könnte die einfache Regel aufstellen: Kommunikation ist die
Anfangsbedingung jedes Lernprozesses. Es ist Aufgabe jeder Lerngruppe, die Kommunikation der Mitglieder untereinander — wobei der Lehrende bei richtiger Anwendung der Methode ein
Gruppenmitglied mit speziellen Kenntnissen ist und nicht mehr —
optimal zu entwickeln. Vorbedingung hierfür ist die Verminderung von Angst.

ARBEITSMETHODEN DER GRUPPENDYNAMIK

In den vorausgegangenen Kapiteln wurden die theoretischen Grundlagen psychodynamischer Vorgänge in Gruppen ausführlich dargestellt, um jedem Lehrenden bewußt zu machen, in welchem Ausmaß er selbst ohne spezifische Berücksichtigung des jeweiligen Stoffes in affektive Kommunikationsvorgänge verflochten ist. Im folgenden sollen nun einige Beispiele für einfache, anwendbare Methoden gegeben werden. Es handelt sich um erprobte Modell-situationen, die so angelegt sind, daß eine bestimmte, emotionale Erfahrung und ein damit verbundener Lernprozeß unausweichlich sind. Man muß sich deshalb von vornherein darüber klar sein, daß mit der Anwendung dieser Methoden und Übungen bei den Mitgliedern einer Gruppe innere Erlebnisse ausgelöst werden, die eine Konfrontation des *realen* Selbst mit dem *angenommenen idealen* Selbst herbeiführen. Das ist mit einem »*Aha-Erlebnis*« verbunden, das heißt, es kommt zu einer Evidenz, die sich aus dem Experiment überzeugend ergibt. Jedoch ist die Verleugnung dieser Evidenz, wenn sie die Eigenliebe allzu sehr kränkt, genauso möglich, wenn nicht bestimmte Vorsichtsmaßnahmen beachtet werden.

Deshalb ist es wichtig, bei der Anwendung dieser Methoden eine Atmosphäre herzustellen, bei der sowohl die Experimentierbereit-schaft, wie die Bereitschaft, aus der direkten Erfahrung etwas über eigenes und fremdes Verhalten zu lernen, entsprechend vor-bereitet ist. Der Teilnehmer muß dieser Voraussetzung zugestimmt haben. Entscheidend für diese Atmosphäre ist deshalb auch die Vermeidung jeder moralischen Bewertung oder einer belehrenden Haltung, durch die der Gruppenleiter sich selbst allzu sehr distanziert. Vielmehr ist es von großer Bedeutung, klar zu machen, daß die auftretenden Reaktionen und Verhaltensweisen eine menschliche Gegebenheit sind, der auch der Gruppenleiter, wie jeder andere Mensch solange unterliegt, bis durch die Erfahrung im Experiment das persönliche Problembewußtsein und die Wahrnehmungsfähigkeit sich entsprechend verändert haben. Es bedarf vielleicht auch des Hinweises, daß dies auf anderen Wegen deshalb nicht erreichbar ist, weil die direkte Interaktion fehlt.

Für den Bereich der Interaktion des Lehrens und Lernens innerhalb der Erwachsenenbildung haben folgende Hauptbereiche Gültigkeit, deren subjektive Erlebniskomponenten in bestimmten Experimenten erfahrbar werden[1]):

1. Prozeßanalyse (durch graphische Soziometrie),
2. Rollenfunktionen in der Gruppe,
3. Kommunikation,
4. Wahrnehmung und Übermittlung von Informationen,
5. Sprechen und Zuhören,
6. Dimensionen der Kooperation.

Als Voraussetzung für jede Anwendung gruppendynamischer Methoden sollte die Möglichkeit gegenseitiger Kontrolle gelten. Man wird sich daher hüten müssen, die nachfolgend geschilderten Methoden anzuwenden, ohne die Anwesenheit von ein oder zwei, am Experiment nicht direkt beteiligten, neutralen Beobachtern, mit denen der jeweilige Leiter des Experimentes anschließend den Ablauf besprechen kann. Selbstverständlich kann dies in Lerngruppen, z. B. auch anhand von Tonbandprotokollen geschehen,

---

[1]) Die hier in der Folge angegebenen Beispiele sind zu einem Teil mit freundlicher Genehmigung des Europäischen Institutes für Trans-Nationale Studien in Gruppen- und Organisationsentwicklung, Kopenhagen, dem Buch von *Donald Nylen, J. Robert Mitchell* und *Anthony Stout* (Handbook of staff development and Human Relations Trainig) entnommen, das 1967 mit der Genehmigung der *National Trainings Laboratories, National Education Association of the United States, Washington,* gedruckt wurde. Ein anderer Teil ist aus den Erfahrungsgrundlagen des ersten gruppendynamischen Seminars für Lehrer in der Bundesrepublik (Schliersee 1963) entwickelt worden.

jedoch gibt die Beobachtung und Einbeziehung der averbalen und motorischen Aktionen im allgemeinen weitaus mehr Aufschluß. Die Sammlung solcher Daten und ihre Rückgabe an die experimentierende Gruppe ermöglicht einen Lernprozeß für alle Teilnehmer, der zu Änderungen in den Verhaltensweisen führt. Keineswegs sollte die Ermittlung von Daten den Charakter der »Untersuchung« bekommen, oder den Eindruck vermitteln, der Leiter der Gruppe oder aber der Mitarbeiterstab wolle auf diese Weise etwas für sich selbst gewinnen, woran die Gruppenmitglieder keinen Anteil haben. Vielmehr sind und bleiben alle Ergebnisse und Erfahrungen stets gemeinsamer Besitz der jeweiligen Gruppe, die selbst über deren Auswertung entscheiden muß. Eine Verwendung von Daten außerhalb der Gruppe ohne Zustimmung aller Gruppenmitglieder zerstört jede Möglichkeit der Gruppenarbeit. Der Gruppenleiter kann allenfalls Methoden zur Datensammlung und Auswertung anregen, jedoch nur dann, wenn er mit fester Überzeugung auch vor sich selbst vertreten kann, daß dieser Weg allen Gruppenmitgliedern hilft, neue Einsichten für die eigene Wahrnehmung, Reifung und Wandlung des Verhaltens zu gewinnen, die nicht allein einem wie auch immer gearteten konformistischen »Anpassungsideal« dienen, sondern vielmehr dem einzelnen eine optimale Weiterentwicklung seiner individuellen Fähigkeiten ermöglichen.

Der entscheidende Aspekt für die gruppendynamische Arbeit in der Erwachsenenbildung ist auf die Persönlichkeit und ihr Selbstbewußtsein gerichtet. Jeder Mensch braucht das Gefühl, als Person einen Wert darzustellen, ein Bewußtsein der eigenen Würde aufrecht zu erhalten und sich selbst gegenüber als genügend adäquat zu empfinden. Dieser Sinn für das eigene Selbst, — das Selbstbewußtsein schlechthin, — befindet sich zwischen zwei Polen: Auf der einen Seite dieses sehr labilen Gleichgewichtes stehen alle Wünsche: »Ich möchte« (Triebe und Triebderivate), auf der anderen befinden sich die inneren und äußeren Forderungen und Verbote: »Du sollst und Du sollst nicht«. Das bewußte Selbst versucht ein Gleichgewicht zwischen diesen beiden Polen zu halten. Ist dieses Selbst weich und labil, so wird das Gleichgewicht konstant zwischen den beiden Polen hin- und herpendeln. Zeitweilig wird das Individuum dann von seinen Impulsen überwältigt, um danach wiederum von seinem Gewissen für solche Impulshandlungen mit Schuldgefühlen belastet zu werden. Nach einiger Zeit brechen neue Impulse durch und der gleiche Zirkel wiederholt sich.

Das Verhalten ist unvorhersehbar, obgleich es konstant zwischen *Ich möchte* und *Du sollst nicht* hin- und herpendelt. Verlagert sich der Schwerpunkt nach der Gewissensseite, so kann eine ständige Selbstbestrafung und Selbstquälerei entstehen, für die kein erkennbarer Grund vorliegt. Wenn dieser Kampf für das Selbst so schwierig wird, daß es die Fähigkeit verliert, Entscheidungen über die eigene tatsächliche Situation zu treffen, so besteht die Gefahr einer Dekompensation, die Bewußtseinskontrolle geht dann verloren.

Ohne hier mehr auf die Ergebnisse der Persönlichkeitsforschung einzugehen, deren für die Gruppendynamik wichtigen Ergebnisse in den vorausgehenden Kapiteln besprochen wurden, bedarf es dieses kurzen Hinweises aus folgendem Grunde: Kein Mensch kann mit sich selbst in Frieden leben, wenn er von dem Gefühl bedrückt ist, er sei nicht liebenswert, er sei wertlos und schlecht. Nur durch den Glauben an sich selbst kann der einzelne die Kraft gewinnen, sein Verhalten zu bestimmen, oder aufzugeben. Obgleich alle dies wissen sollten, ist es doch die häufigste Methode der Allgemeinheit gegenüber einem Menschen, der sich nicht genügend entwickelt hat und sich unbefriedigend verhält, — sei es nun ein Kind oder ein Erwachsener, — ihn zu tadeln, seinen Wert in Frage zu stellen, seine Unzulänglichkeiten zu betonen und sein Selbstvertrauen zu unterminieren. Menschen gewinnen Vertrauen zu sich selbst und werden situationsgerechter in ihrem Verhalten durch die mitmenschlichen Beziehungen zu anderen, die ihnen helfen und durch erfolgreiche Erfahrungen an sich selbst. Sie werden unsicher und in ihrem Selbstvertrauen gefährdet durch negative Erfahrungen und durch Angriffe von anderen. Gewiß ist Fremdkontrolle notwendig, besonders beim heranwachsenden Kinde und beim unreifen Jugendlichen. Aber das Ziel aller Fremd- oder Selbstkontrolle kann stets nur die Entwicklung einer autonomen Person sein, die sowohl mit sich selbst zufrieden sein kann, als auch ein genügend sicheres Gefühl dafür entwickelt, sich sozial annehmbar zu verhalten und verantwortlich zu handeln. Obgleich Menschen einander ähnlich sind, ist jede menschliche Person doch einmalig. Ihre Fähigkeiten haben sich unter ganz bestimmten Bedingungen und in der Antwort der körperlichen Bedingungen zur jeweiligen Umgebung entwickelt. Verhalten als solches ist komplex, es wird beeinflußt von Körperbedingtheiten, Gedanken und Gefühlen. Das Individuum ist sich nur eines Teiles der zahlreichen, aus dieser Entwicklung stammenden Ideen und Gefühle bewußt. Wenn wir von Persönlichkeit sprechen, sollten wir hauptsächlich drei Aspekte berücksichtigen: Triebe, Gewissensfunktion und Selbst (Selbstwahrnehmung, Selbstreflexion, Selbstbewußtsein). Die Stärke des Selbst beeinflußt die Fähigkeit des Individuums mit Problemen umzugehen, jeweils am meisten.

1. Prozeßanalyse

Die Wahrnehmung für dieses Bewußtsein seiner selbst, aber auch für die vermeintliche Einschätzung eigenen Verhaltens durch andere, sowie der Gefühle, die man anderen gegenüber in einer Gruppe hat, läßt sich durch einfache Fragen ermitteln, vorausgesetzt, daß die Anonymität gewahrt bleibt. Es empfiehlt sich, dabei eine einfache Skala zu benutzen, die von den möglichen Extrempolen ausgeht. Alle Mitglieder füllen eine solche Skala beispielsweise am Ende einer Gruppensitzung oder einer Arbeitsgruppe aus, ohne jedoch ihren Namen zu nennen.

Auf Seite 128 sind solche einfachen Skalierungen angegeben, die man durch Zwischenstufen noch mehr differenzieren kann. Für die Berechnung empfiehlt sich jedoch diese einfache graduierte Skala. Die angegebenen Extremwerte sind Gegenpole, der Mittelpunkt der Skala ist relativ neutral für die jeweilige Fragestellung. (Wenn man die einzelnen Fragen und vorgezeichneten Skalen nicht wie hier angegeben auf hektografiertem Papier zur Verfügung hat, genügt auch ein Muster des Fragenkataloges. Der einzelne Teilnehmer, dem allerdings die Fragen dann vorliegen sollten, einschließlich der Vorgaben, schreibt dann auf einen gesonderten Zettel jeweils nur seine Einstufung bzw. die gewählte Vorgabe mit dem entsprechenden Zahlenwert:

Z. B. 1/5 oder 15/3 usw.

Aus den Gesamtwerten wird einschließlich der Extremwerte ein Mittelwert errechnet, in dem man die einzelnen Teilwerte entweder auf eine Gesamtskala einträgt oder etwa bei 12 Teilnehmern einer Gruppe den Gesamtwert durch die Anzahl der Teilnehmer dividiert, bis man den Mittelwert hat.

Abbildung einer Skala

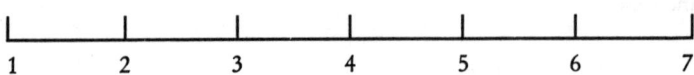

In ein Koordinatensystem werden dann der Durchschnittswert und die beiden Extremwerte fortlaufend eingetragen, d. h. bei jeder Zusammenkunft der Gruppe. Die Ordinate gibt die jeweilige Zusammenkunft an, die Abszisse, die jeweiligen Extrem- bzw. Durchschnittswerte.

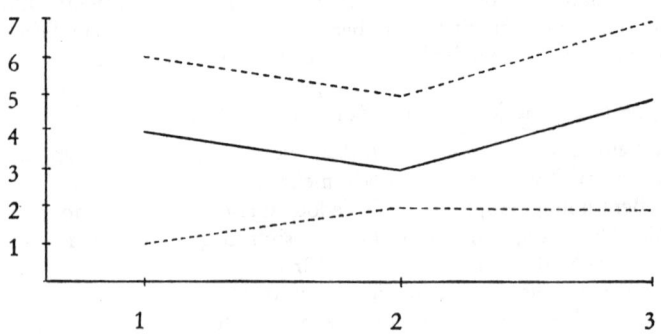

Auf diese Weise wird der Entwicklungsprozeß der Gruppe für alle Teilnehmer anschaulich. Jeder ist mit einem sichtbaren, grafischen Verlauf konfrontiert und wird nach den jeweiligen Ursachen von Veränderungen suchen, bis eine weitere Veränderung der Daten eintritt.

Diese Kurve ist dann gleichsam das Stimmungsbarometer der Gruppenteilnehmer für die verschiedensten Bereiche, die in den Skalierungen angesprochen werden. Dies gibt freilich noch keine Auskunft über die Ursachen der jeweiligen Stimmungslage, oder Beurteilung der Situation, zeigt aber die Realität der Gefühle und Beziehungen der einzelnen Mitglieder zu den anderen Teilnehmern, zum Gruppenleiter und zum Gegenstand des Lernprozesses.

Diese Methode als gemeinsamer Arbeitsweg aller Gruppenmitglieder ist für die Erwachsenenbildung in Deutschland neu. Die häufig auftauchende Frage, wozu das gut sein solle, enthüllt zugleich, wie selbstverständlich oft noch der autoritäre Anspruch einer ausschließlichen Bewertung des Gruppengeschehens durch den jeweiligen Leiter verwurzelt ist. Die Teilnehmer einer Gruppe werden sich für jedes Geschehen innerhalb der Gruppe selbst jedoch um so weniger persönlich verantwortlich fühlen, als sie durch eine vielleicht durchaus gut gemeinte Führung daran gehindert werden, in der Einübung eigener, kritischer Objektivierungsmethoden sich selbst und die eigenen Wirkungen auf den Gruppenprozeß deutlicher wahrzunehmen. Um so eher werden sie geneigt sein, allein den Gruppenleiter dafür verantwortlich zu machen, wenn Schwierigkeiten oder Hindernisse auftreten.

Will man eine geplante Änderung dieser unbewußten Abhängigkeitstendenz erreichen, so wird man mit konkreten Methoden dem einzelnen Teilnehmer seine unsichtbare Mitwirkung am Gruppenprozeß verdeutlichen müssen. Dies gilt keineswegs nur etwa für Selbsterfahrungsgruppen, sondern genauso für Lern- und Arbeitsgruppen. Bei der Einführung dieser Methode muß man sich jedoch zuvor darüber klar sein, daß sie zugleich eine Einleitung zur Änderung des gesamten Gruppenstils und des Lernverhaltens darstellt. Ziel dieser Methode ist die Vorbereitung einer sich selbst führenden Gruppe. Natürlich braucht es längere Zeit, bis dieses Ziel erreicht wird. Am Ende werden die Teilnehmer sowohl von den Kenntnissen des Gruppenleiters (oder Dozenten), wie auch von den kritischen Kapazitäten ihrer eigenen Mitglieder selbständig je nach Bedarf Gebrauch machen.

Wer gerne autoritär führt, Meinungen oder Gesinnungen zugleich mit dem angebotenen Wissensstoff manipulieren möchte, oder aber die eigene Dominanz durch größeres Wissen gerne beibehält, wird Zweifel haben, ob er sich zu dieser Methode entschließen soll. Das gegebene Sachproblem der Wissensvermittlung verdeckt aber lediglich den Gruppenprozeß, der sich auf diese Weise zum Beispiel völlig unabhängig vom Gruppenleiter prüfen und anschaulich machen läßt. Der Begriff der Demokratisierung, häufig in der Erwachsenenbildung gebraucht, wird durch dieses Verfahren konkret.

Nachfolgend werden einige Fragen zur Bewertungsskala gegeben. Die einzelnen Bewertungen beziehen sich auf den Gruppenprozeß. Es ist durchaus möglich, die Wertungen auf einige wenige Fragestellungen zu begrenzen, im ganzen zeigt sich jedoch ein deutlicheres Bild, sowohl von den Funktionen in der Gruppe, wie auch von dem ablaufenden Prozeß, wenn man über eine längere Zeitstrecke mehrfach solche Wertungen am Ende nach einigen vorausgegangenen Erläuterungen vornehmen läßt.

1. Wie fühle ich mich in dieser Gruppe?

1. Sehr unbehaglich
2. Ziemlich unbehaglich
3. Etwas mehr unbehaglich, als wohl
4. Weder unbehaglich, noch wohl
5. Eher wohl, als unbehaglich
6. Ziemlich wohl
7. Sehr wohl

2. Wieweit waren heute die Gruppenziele klar?

1. Völlig unklar
2. Ziemlich unklar

3. Eher unklar, als klar
4. Weder klar noch unklar
5. Eher klar als unklar
6. Ziemlich klar
7. Völlig klar

3. *Wie arbeitete die Gruppe?*
1. Faul und zufrieden
2. Ziemlich oberflächlich
3. Eher oberflächlich als tiefgehend
4. Weder oberflächlich noch tiefgehend
5. Eher tiefgehend als oberflächlich
6. Ziemlich tiefgehend
7. Begierig und hungrig — intensiv tiefgehend

4. *War die Diskussion sachfremd oder sachbezogen?*
1. Völlig sachfremd, theoretisch unrealistisch
2. Ziemlich sachfremd
3. Eher sachfremd als sachbezogen
4. Sie hielt sich in der Mitte
5. Eher sachbezogen als sachfremd
6. Ziemlich sachbezogen
7. Völlig sachbezogen

5. *Haben die Teilnehmer mehr über die Sachinhalte oder die Entwicklung der Gruppe gesprochen?*
1. Völlig inhaltsorientiert, sprachen zur Sache
2. Mehr auf Inhalt, als auf Entwicklung orientiert
3. Etwas mehr auf Inhalt als auf Entwicklung orientiert
4. Etwa gleichermaßen auf Inhalt wie auf Entwicklung orientiert
5. Etwas mehr auf Entwicklung als auf Inhalt orientiert
6. Eher mehr auf Entwicklung als auf Inhalt orientiert
7. Fast völlig entwicklungsorientiert, befaßten sich mehr mit Problemen der persönlichen Beziehungen, Gefühle und Gruppenvorgängen

6. *Waren die Mitglieder darauf aus, Punkte für sich zu gewinnen, oder ihre eigenen Standpunkte durchzusetzen?*
   1. Völlig darauf aus, Punkte für sich zu sammeln
   2. Ziemlich darauf aus
   3. Mehr darauf aus, Punkte zu sammeln, als die Bedeutung der Sache zu erwägen
   4. Gleichermaßen darauf aus, Punkte zu sammeln, als darauf, die Bedeutung der Sache zu erwägen
   5. Etwas mehr die Sache erwägend, als darauf aus, Punkte zu sammeln
   6. Ziemlich darauf aus, die Bedeutung der Sache zu erwägen
   7. Völlig nur an der Bedeutung der Sache orientiert

7. *Wurden abweichende Ansichten genügend angehört?*
   1. Nein, sie blieben völlig unbeachtet, wurden nicht zugelassen, abgewiesen, bzw. beiseite geschoben
   2. Blieben ziemlich unbeachtet
   3. Mehr unbeachtet als verwendet
   4. Weder unbeachtet noch verwendet
   5. Mehr verwendet als unbeachtet
   6. Ziemlich viel verwendet
   7. Ja, sie wurden vollständig besprochen, untersucht, ausgewertet und in Erwägung gezogen.

8. *Fühle ich mich der Mehrzahl der Teilnehmer gegenüber frei oder unfrei?*
   1. Nein, ich fühle mich völlig abgekapselt, verschlossen und versteckt
   2. Ziemlich eingeengt von den anderen
   3. Eher eingeengt als frei
   4. Weder eingeengt noch frei und äußerungsfähig
   5. Eher frei und äußerungsfähig als eingeengt
   6. Ziemlich frei und äußerungsfähig
   7. Ja, ich fühle mich ziemlich frei und äußerungsfähig, offen und meinen Gefühlen entsprechend

9. Fühle ich mich mit der Gruppe identifiziert?

1. Nein, ich fühlte mich völlig negativ, in mich zurückgezogen, gelangweilt, abgewiesen, nicht angenommen, außerhalb stehend
2. Ziemlich außerhalb
3. Etwas mehr außerhalb als in der Gruppe
4. Weder in noch außerhalb der Gruppe
5. Etwas mehr in der Gruppe als außerhalb
6. Ziemlich in der Gruppe
7. Ja, ich fühlte mich völlig aufgenommen, selbst in der Gruppe stehend

10. Bekam ich Hilfe, wie ich sie gebraucht hätte?

1. Nein, meine Bedürfnisse blieben völlig unbeachtet
2. Ziemlich unbeachtet
3. Mehr unbeachtet gelassen als wahrgenommen
4. Weder unbeachtet gelassen noch wahrgenommen
5. Mehr wahrgenommen als unbeachtet gelassen
6. Ziemlich wahrgenommen
7. Ja, meine Bedürfnisse wurden wahrgenommen, es wurde ihnen in völlig befriedigender Weise entsprochen

11. Welche Mitwirkung war mir heute in der Gruppe möglich?

1. Völlig unwirksam, der Gruppe bei der Erreichung ihrer Ziele zu helfen
2. Ziemlich unwirksam
3. Etwas mehr unwirksam als wirkungsfähig
4. Weder unwirksam noch mitwirkungsfähig
5. Etwas mehr mitwirkungsfähig als unwirksam
6. Ziemlich mitwirkungsfähig
7. Voll mitwirkungsfähig, der Gruppe bei der Erreichung ihrer Ziele zu helfen

12. Was halte ich im Augenblick von dieser Gruppe?

Ich halte sie für ...
1. Die denkbar schlechteste Gruppe

2. Ziemlich dürftig
3. Eher dürftig als gut
4. Weder schlecht noch gut
5. Eher gut als schlecht
6. Ziemlich gut
7. Die denkbar beste Gruppe

13. *Heute war der Gruppenleiter...*
    1. Völlig inaktiv
    2. Ziemlich inaktiv
    3. Etwas mehr passiv als aktiv
    4. Weder passiv noch aktiv
    5. Etwas mehr aktiv als passiv
    6. Ziemlich aktiv
    7. Sehr aktiv

14. *Ich glaube, daß der Gruppenleiter diese Gruppe betrachtet als...*
    1. Die denkbar schlechteste Gruppe
    2. Ziemlich schlecht
    3. Eher schlecht als gut
    4. Weder schlecht noch gut
    5. Eher gut als schlecht
    6. Ziemlich gut
    7. Die denkbar beste Gruppe

15. *Die besprochenen Probleme und Inhalte waren, verglichen mit meinen Erfahrungen in anderen Gruppen...*
    1. Völlig irgendwo und irgendwann, abseits
    2. Überwiegend mehr abseits als hier und jetzt
    3. Etwas mehr abseits als hier und jetzt
    4. In gleichem Maße abseits wie hier und jetzt
    5. Etwas mehr hier und jetzt als abseits
    6. Überwiegend mehr hier und jetzt als abseits
    7. Völlig hier und jetzt

Solche Auswertungsskalen und Abläufe ganzer Seminare (im angelsächsischen Bereich »Laboratorien« genannt) stehen in großem Umfang in englischer Sprache als Lern- und Orientierungsmöglichkeit zur Verfügung. Sinn solcher Verfahren ist es, den Gruppenprozeß nicht einfach hinzunehmen, sondern transparent zu machen, indem allen Teilnehmern immer mehr Daten zur Verfügung stehen, die eine bessere Realitätskontrolle ermöglichen.

Dies bedeutet einerseits eine Konfrontation mit der Realität, — auch für den Gruppenleiter, — stimuliert jedoch andererseits die Bereitschaft der Teilnehmer, an den sich darstellenden Problemen konkret zu arbeiten, bis sich in den Daten andere Ergebnisse zeigen oder von den Teilnehmern selbst ein anderes, unter Umständen neues diagnostisches Instrument für die Beurteilung der Gruppenprozesse selbst entwickelt wird. Dies verhindert nicht nur autoritäres Verhalten und eine dementsprechend passive Abhängigkeit der Gruppenmitglieder, sondern vielmehr konfrontieren solche Auswertungen alle Teilnehmer in kurzer Zeit mit ihren unbewußten konformistischen Erwartungen, die jeweils in den verschiedenen Gesellschaften und ihren Gruppen stärker oder schwächer sind. So etwa, wenn ein Extremwert konstant eine negative Beurteilung der Lage beibehält, während die Mehrzahl der Teilnehmer die Situation positiv beurteilt. Die wahrscheinliche Projektion dieses negativen Wertes durch die Mehrzahl auf ein vermutetes, jedoch anonym bleibendes Mitglied zwingt a l l e Teilnehmer real zur Beantwortung des in jedem Mitglied dadurch entstandenen Konfliktes. Jeder Teilnehmer stimmt nämlich in Wirklichkeit nur zu einem Teil mit den anderen überein, während er in den verschiedensten Bereichen sehr erheblich in seinen Gefühlen, Urteilen und Meinungen von denen der anderen abweicht. Er verbirgt dies jedoch unbewußt sich selbst und den anderen, um das Ziel eines erwünschten Gruppenkonsens nicht zu gefährden. Das ergibt für jeden Teilnehmer hinter der offiziellen Anpassung und Konformitätsneigung eine Art von verborgener Agenda, die seine Unzufriedenheit sowohl mit dem Verhalten anderer, wie mit dem eigenen enthält. Der einzelne wagt jedoch zunächst nicht, diese Bedürfnisse seiner verborgenen Tagesordnung in die Gruppe einzubringen. Diese verborgene Agenda jedoch, so lange sie nicht offen zur Sprache kommt, bleibt sehr leicht ein Lern- und Arbeitshindernis für die Gesamtgruppe, weil diese Verschiedenheit der Fähigkeiten alte Ängste auslöst, die zugleich durch Scheinkonformismus verborgen bleiben sollen. Um wirklich arbeiten zu können, braucht die Gruppe zum Erreichen ihrer Ziele jedoch gerade diese verschiedenartigsten Kapazitäten der einzelnen Teilnehmer.

Die einfache Wertung nimmt allenfalls wenige Minuten am Schluß einer Kursstunde in Anspruch. Es ist gut, wenn sich der Kursleiter an der Skalierung für sich selbst mitbeteiligt, den eingetragenen Wert jedoch nicht in der Kurve mitverrechnet, sondern ihn lediglich zur Konfrontation mit den Durchschnittswerten der Gruppenmitglieder nur für sich selbst benutzt, um daran zu erkennen, ob er selbst stärker belastet ist, oder die Gruppenmitglieder. In diesem Fall muß er über die Möglichkeiten der Veränderung seiner Einstellung und Verhaltensweise nachdenken, da sein eigenes Wohlbefinden in der Gruppe unter Umständen ein Mißbefinden bei den Gruppenmitgliedern auslösen kann, wenn er z. B. seine Dominanzbestrebungen nicht bemerkt.

An solchen Skalierungen läßt sich aber auch außerordentlich eindrucksvoll für alle Teilnehmer zeigen, daß sie sich selbst hinsichtlich ihrer Selbstwahrnehmung und der Fremdwahrnehmung oft real täuschen. Obgleich man mit den Begriffen Selbst- bzw. Fremdwahrnehmung meist die Individualbeziehung verbinden wird, ist zum Verständnis hier eine Erinnerung an die vorausgegangenen Darstellungen notwendig. Der einzelne nimmt sich selbst zunächst an den Reaktionen anderer wahr. Die Verinnerlichung solcher nötigen Reaktionen anderer führt schließlich zu einem Idealbild, das der einzelne von sich selbst hat und an dem er sich zu kontrollieren versucht. Die mögliche Verwechslung von Idealbild und tatsächlich gegebener Realität ist jedoch meist nur von außen korrigierbar[1]). Zur Verdeutlichung ein kurzes Beispiel: Der Teil-

---

[1]) siehe hierzu auch: *Tobias Brocher:* Das Ich und die Anderen in Familie und Gesellschaft. Heft 5 der Reihe „Psychologisch gesehen". Bonz, Stuttgart 1967.

nehmer einer Gruppe hat eine Prävalenz für Lyrik. Er glaubt, in der Idealisierung seiner eigenen, vermeintlichen Sensibilität viel wirksamer gegenüber den anderen Teilnehmern sein zu können, wenn er sich durch ästhetische und sensitive Metaphern oder Allegorien verständlich macht oder die von anderen besprochenen Inhalte in solche Verbindungen hineinstellt. Diese von ihm selbst als Tugend erlebte Fähigkeit, die er positiv idealisiert hat, wird jedoch von den anderen Teilnehmern als ein Mangel an Realitätsnähe erlebt. Konfrontiert mit der grafischen Skalierung der Gruppenmitglieder würde die Selbstwahrnehmung dieses Teilnehmers eine Erschütterung erfahren, wenn er etwa in der Frage 15 selbst die Wertung 7 einsetzt, jedoch mit einem Gruppenwert zwischen 1—3 konfrontiert ist. Hat er selbst die Gruppe mit seinen Bedürfnissen dominiert, so kann dies z. B. auch noch in der Skala 4, 6, 7 und / oder 11 zum Ausdruck kommen.

Er ist also mit der Differenz zwischen seiner subjektiven Selbstwahrnehmung und der Wahrnehmung seiner Wirkung durch andere konfrontiert. Dadurch wird seine eigene Fremdwahrnehmung beeinflußt. Korrigiert er sein irrtümliches Selbstideal an der indirekten Kritik der anderen Teilnehmer, so wird seine Selbstwahrnehmung realistischer werden. Beharrt er auf seinem subjektiven Irrtum, so verschärft sich sein Konflikt, nicht nur mit den anderen, sondern auch mit der eigenen Verleugnungstendenz. Dies wird in Irrtümern und Fehleinschätzungen seiner Fremdwahrnehmung gegenüber anderen zum Ausdruck kommen und Folgen haben. In dieser Situation sind jedoch tatsächlich alle Gruppenmitglieder gleichzeitig. Dies ist die eigentliche, dynamische Wirkung einer Gruppe auf die Veränderungen des einzelnen, ohne daß die einzelnen Gruppenmitglieder eine direkte Wirkung durch Interventionen ausüben. Deshalb ist hier der Begriff Selbstwahrnehmung bzw. Fremdwahrnehmung auf j e d e s Gruppenmitglied angewandt im Sinne einer sich ständig überschneidenden Wechselwirkung zwischen Individuen, deren Bewußtseinslage dadurch einer Änderung unterliegt.

Eine theoretische Vorstellung über die eigene Person, — entweder positiv oder negativ idealisiert und gefärbt, — erweist sich an der Realität solcher Experimente für den einzelnen, aber auch auf jeweils individuell verschiedene Weise für jeden der einzelnen Teilnehmer meist als unrichtig. Damit kann, — wenn auch sachlich völlig zu Unrecht, — das subjektive Gefühl der Kränkung entstehen.

Diese Kränkung der Selbstliebe wird umso stärker empfunden werden, je mehr das Bild des eigenen Selbst zuvor idealisiert wurde. Es ist berechtigt, darauf hinzuweisen, daß jede Selbsttäuschung über die Wirklichkeit eine Gefahr für alle darstellt. Das vermag jedoch nichts an der Angst zu ändern, die eine solche Entdeckung auslöst. Man muß deshalb auf jeden Fall vermeiden, daß ein einzelnes Mitglied zum Exponenten irgendeiner Übungsaufgabe wird. Deshalb sind alle Aufgaben so angelegt, daß bei ihrer Bearbeitung überwiegend Gruppengesetzlichkeiten sichtbar werden, die nicht von einem einzelnen allein verursacht werden können. Man muß sich daher davor hüten, irgendeinen Vorgang dem individuellen Verhalten irgendeines einzelnen Teilnehmers zuzuschreiben. Benützt man hingegen, besonders im Anfangsstadium einer Arbeitsgruppe, Methoden, die Gruppengesetzlichkeiten zur Geltung bringen, dann wird zwar die Bearbeitung des jeweiligen Themas vorübergehend aufgehalten, jedoch wirkt die rechtzeitige Bearbeitung voraussehbarer Konfliktmöglichkeiten auf diesem Wege in der späteren Sacharbeit der Gruppe sich erheblich sowohl auf den Zeitfaktor, als auch auf die Intensität des Lernens und die Lernbereitschaft aus. Wenn es gelingt, neben anfänglich mehr nebenher laufender Sacharbeit die Gruppenprobleme genügend durchzuarbeiten, so können damit spätere, scheinbare Sach- oder Lernschwierigkeiten erspart werden. Dies hat sich selbst bei kleineren Schulkindern deutlich bei einer richtigen Anwendung der Methoden ergeben.

Es kommt hier nicht darauf an, die in der Methode enthaltenen wissenschaftlichen Probleme zu lösen, die gewiß in weitaus tiefere Schichten reichen und einer sehr viel genaueren Beobachtung bedürfen. Vielmehr bieten diese Techniken eine Möglichkeit, während der Bearbeitung eines Stoffes gleichzeitig das Ziel der Erwachsenenbildung, Verhalten zu verändern, auf ganz pragmati-

schen Wegen zu erreichen. Die Selbstevidenz des Geschehens-
ablaufes bedarf nämlich keiner weiteren Erläuterung, wenn sie
erlebt werden kann. Der einzelne bestimmt selbst, was er lernt
und wieweit das Geschehen für ihn selbst eine Bedeutung hat,
die sein Verhalten ändern kann. So bleibt seine Entscheidung auch
stets freiwillig, ohne daß er von außen zu irgendeiner Veränderung gewaltsam veranlaßt oder gezwungen werden kann.

2. Rollenfunktionen in der Gruppe

In jeder Gruppe entwickeln sich nun bestimmte Rollenfunktionen,
die den unausgesprochenen Zielen der Gruppe dienen, damit diese
ihre Arbeit fortsetzen kann. Es lassen sich dabei deutlich eine
Reihe von Rollen herauskristallisieren, die sich aus der Bemühung
des einzelnen ergeben, das jeweilige, entstehende soziale System
einer Gruppe weiter zu entwickeln. Wir unterscheiden dabei zwischen *»Aufgabenrollen«* und *»Erhaltungs- und Aufbaurollen«*
sowie einer Mischung aus beidem. Darüber hinaus gibt es jedoch
auch *»dysfunktionale Rollen«*, die gegen jede konstruktive Beteiligung an der Gruppenarbeit gerichtet sind. Sie können verschiedene Gründe haben.

Unter *»Aufgabenrollen«* verstehen wir Funktionen, die für die
Auswahl und Durchführung einer Gruppenaufgabe erforderlich
sind:

1. *Initiative und Aktivität* = Lösungen vorschlagen, neue
   Ideen vorbringen, neue Definitionen eines gegebenen
   Problemes versuchen, neues In-Angriff-Nehmen des Pro-
   blems, Neu-Organisation des Materials.

2. *Informationssuche* = Frage nach genauerer Klärung von
   Vorschlägen, Forderung nach ergänzenden Informationen
   oder Tatsachen.

3. *Meinungserkundung* = Versuche, bestimmte Gefühls-
   äußerungen von Mitgliedern zu bekommen, die sich auf
   die Abklärung von Werten, Vorschlägen oder Ideen
   beziehen.

4. *Informationen geben* = Angebot von Tatsachen oder Generalisierungen. Verbinden der eigenen Erfahrung mit dem Gruppenproblem, um daran bestimmte Punkte und Vorgänge zu erläutern.

5. *Meinung geben* = Äußern einer Meinung oder Überzeugung, einen oder mehrere Vorschläge betreffend, speziell eher hinsichtlich seines Wertes, als der faktischen Basis.

6. *Ausarbeiten* = Abklären, Beispiele geben oder Bedeutungen entwickeln; Versuche, sich vorzustellen, wie ein Vorschlag sich auswirkt, wenn er angenommen wird.

7. *Koordinieren* = Aufzeigen der Beziehungen zwischen verschiedenen Ideen oder Vorschlägen; Versuch, Ideen und Vorschläge zusammenzubringen; Versuch, die Aktivität verschiedener Untergruppen oder Mitglieder miteinander zu vereinigen.

8. *Zusammenfassen* = Zusammenziehen verwandter Ideen oder Vorschläge; Nachformulierung von bereits diskutierten Vorschlägen zur Klärung.

9. *Ermutigung* = Freundlichsein, Wärme, Antwortbereitschaft gegenüber anderen; andere und deren Ideen loben; Übereinstimmen und Annehmen von Beiträgen anderer.

10. *Grenzen wahren* = Versuch, einem anderen Gruppenmitglied einen Beitrag dadurch zu ermöglichen, daß andere darauf aufmerksam gemacht werden: Z. B.: *„Wir haben von X noch gar nichts zu diesem Thema gehört."* Begrenzung der Sprechzeit für alle, um damit allen eine Chance zu geben, tatsächlich gehört zu werden.

11. *Regeln bilden* = Formulierung von Regeln für die Gruppe, die für Inhalt, Verfahrensweisen oder Entscheidungsbewertungen gebraucht werden sollen; Erinnerung der Gruppenmitglieder, Entscheidungen zu vermeiden, die mit diesen Regeln kollidieren.

12. *Folge leisten* = Den Gruppenentscheidungen folgen,

nachdenklich die Ideen anderer annehmen und anhören, als Auditorium während der Gruppendiskussion dienen.

13. *Ausdruck der Gruppengefühle* = Zusammenfassung, welches Gefühl innerhalb der Gruppe zu spüren ist. Beschreiben der Reaktionen der Gruppenmitglieder, Mitteilung von Beobachtungen und unbewußten Reaktionen von Gruppenmitgliedern, geäußerten Ideen oder Lösungen gegenüber.

Es gibt gleichzeitige »*Aufgaben- und Erhaltungsrollen*«:

1. *Auswerten* = Überprüfen der Gruppenentscheidungen im Vergleich mit den Regeln; Vergleich der Bemühungen im Verhältnis zum Gruppenziel.

2. *Diagnostizieren* = Bestimmen der Schwierigkeitsquellen und der situationsgerechten nächsten Schritte; Analysieren der Haupthindernisse, die sich dem weiteren Vorgehen entgegenstellen.

3. *Übereinstimmung prüfen* = Versuchsweise nach der Gruppenmeinung fragen, um herauszufinden, ob die Gruppe sich einer Übereinstimmung für eine Entscheidung nähert. Versuchsballons loslassen, um die Gruppenmeinung zu testen.

4. *Vermitteln* = Harmonisieren, verschiedene Standpunkte miteinander versöhnen, Kompromißlösungen vorschlagen.

5. *Spannung vermindern* = Negative Gefühle durch einen Scherz ableiten, beruhigen, eine gespannte Situation in einen größeren Zusammenhang stellen.

Diese Rollen sind keineswegs fest auf ein und dieselbe Person verteilt. Vielmehr wechseln sie ähnlich wie Führung, Aktivität und Widerstand. Sie jedoch zu kennen, zu beobachten und die jeweiligen Rollenwechsel wahrzunehmen, bedeutet rein handwerklich eine große Hilfe im Umgang mit Gruppen. Die Wahrnehmung und Beobachtung der zeitweiligen Übernahme dieser Rolle in ihrer Bedeutung für den Gruppenprozeß so zu lehren, daß sie zum festen Bestandteil des Individuums werden, mag nicht einfach sein. Die reale Demokratisierung eines in sich autoritären Sozialwesens kann jedoch auf diesem Wege vermutlich eher erreicht werden, als durch alle theoretischen, tiefschürfenden Abhandlungen, die versuchen, sich von dieser konkreten Wirklichkeit durch Isolation oder Abstraktion zu distanzieren. Ein Theoretiker z. B., in einer Gruppe vor die Konfrontation mit sich selbst und seinem eigenen Verhalten gestellt, wird weniger in der Lage sein, illusionäre Vorstellungen von sich selbst aufrecht erhalten zu können, die bislang auf andere nur peinigend wirkten. Auf diese konkrete Wahrnehmungsmöglichkeit des tatsächlichen mitmenschlichen Verhaltens scheint es deshalb im alltäglichen Lernprozeß weit mehr anzukommen, als auf die Abstraktionen, mit denen der vergebliche Versuch unternommen wird, die dahinterstehenden Gefühle zu verbergen, die dennoch offenbar werden.

Von Zeit zu Zeit, jedoch öfter als man meint, verhalten sich Menschen auf eine dysfunktionelle Weise, die nicht nur keine Hilfe darstellt, sondern mitunter die Gruppe und ihre Arbeitsbemühungen ernsthaft stört. Einige der häufigeren Arten dieses dysfunktionellen Verhaltens werden im folgenden beschrieben: *»Dysfunktionale Rollen«:*

1. *Aggressives Verhalten* = Arbeiten für den eigenen Status, indem andere kritisiert oder blamiert werden; Feindlichkeitsäußerungen gegen die Gruppe oder einzelne Mitglieder; Herabsetzen des Selbstwertes oder des Status anderer Mitglieder; Versuch, ständig zu dominieren.

2. *Blockieren* = Die Weiterentwicklung der Gruppen durchkreuzen durch Ausweichen auf Randprobleme; Angebot persönlicher Erfahrungen, die nichts mit dem vorliegenden Problem zu tun haben; hartnäckige Argumentation zu einem einzigen Punkt; Abweisung von Ideen ohne jede Überlegung aus affektiven Vorurteilen.

3. *Selbstgeständnisse* = Benützen der Gruppe als Resonanzboden für rein persönliche, nicht an den Gruppenzielen orientierte Gefühle oder Gesichtspunkte.

4. *Rivalisieren* = Mit anderen um die produktivsten oder besten Ideen zanken, ständig am meisten sprechen, die größte Rolle spielen, die Führung an sich reißen.

5. *Suche nach Sympathie* = Versuch, andere Gruppenmitglieder zur Sympathie mit den eigenen Problemen und Mißgeschicken zu verleiten; die eigene Situation verwirrend darstellen, oder die eigenen Ideen so erniedrigen, daß auf diese Weise Unterstützung durch andere erreicht werden soll.

6. *Spezialplädoyers* = Einführung oder Unterstützung von Vorschlägen, die mit eigenen, eingeengten Bedenken oder Philosophien verbunden sind. Hierher gehört auch das Lobyistenverhalten.

7. *Clownerie* = Jux veranstalten, Witzeln, Nachäffen, um die Arbeit der Gruppe möglichst immer wieder zu unterbrechen.

8. *Beachtung suchen* = Versuche, die Beachtung auf sich zu ziehen, durch lautes und ausgiebiges Reden, extreme Ideen oder ungewöhnliches Verhalten.

9. *Sich zurückziehen* = Überwiegend indifferentes, passives Verhalten, beschränkt auf äußerste Formalität; Tagträumen, Unsinn machen; mit anderen flüstern, vom Thema weit abweichen.

Diese formalen Klassifizierungen, die nur als Hilfe für die Beobachtung gedacht sind, dürfen keineswegs als starre Rollen angesehen werden, sondern als ein mögliches, wechselndes Verhalten. Bei den dysfunktionalen Rollen muß man sich vor der Tendenz in jeder Gruppe hüten, andere oder sich selbst zu beschuldigen, bei denen vorübergehend dieses Verhalten auftritt. Es ist sinnvoller, solches Verhalten als Symptom dafür wahrzunehmen, daß es um die Fähigkeit der Gruppe schlecht bestellt ist, individuelle Bedürfnisse ausreichend durch gruppenzentrierte Arbeit zu befriedigen. Hinzu kommt, daß die Aspekte zu einzelnen Verhaltensweisen individuell verschieden sein können. So kann unter Umständen ein zunächst aggressiv erscheinender Beitrag auf durchaus positive Weise die Luft reinigen und einer Gruppe neue Impulse geben. Es wird daher vor jeder Bewertung die Frage zu stellen sein, wieweit ein Verhalten situationsgerecht ist, welchen Quellen es entspringt und wieweit es stereotyp auftritt, ohne in seiner Bedeutung bewußt zu werden. Als Regel kann man annehmen, daß jede Gruppe besser und erfolgreicher arbeiten kann, wenn ihre Mitglieder

> sich der jeweils erforderlichen Rollenfunktion besser bewußt werden,
> sensibler und bewußter das Erforderliche tun, um das Gewünschte tatsächlich zu erreichen, und
> ein Selbsttraining beginnen, um den Umfang ihrer Rollenfunktionen zu prüfen und die Fähigkeit einzuüben, sie tatsächlich zu erfüllen.

Obgleich diese Rollenfunktionen eine erhöhte Bedeutung bei den *Selbsterfahrungsgruppen* bekommen (Trainingsgruppen), die überwiegend dem direkten Studium der Selbstwahrnehmung und der Verhaltensänderung dienen, sollte nicht unterschätzt werden, in welchem Umfang sich in jeder Arbeitsgruppe die gleichen Rollenfunktionen ausbilden, die zur Konstanz und Arbeitsintensität der Gruppe beitragen können, wenn sie ausreichend berücksichtigt werden.

3. Kommunikation

Eine weitere Übung soll die Möglichkeiten einer Einweg- und einer Zweiwegkommunikation verdeutlichen. Ziel dabei ist, die Unterschiede zu demonstrieren, zwischen einer Situation, in der eine doppelte Kommunikation (zwei Wege) existiert und einer anderen, in der nur eine Einbahnkommunikation besteht. Die Gruppenteilnehmer sollen veranlaßt werden, über ihre Beziehungen zu Untergeordneten nachzudenken und die Bedeutung zu realisieren, die eine Ermutigung zu Fragen und zu Vorschlägen von seiten der Nachgeordneten für die Kommunikation hat.

Kreide und Tafel,
Zwei Bogen Papier und einen Bleistift oder Schreibmöglichkeit für jeden Teilnehmer,
Reproduktionen der Zeichnung I und Zeichnung II auf normalem Papier.

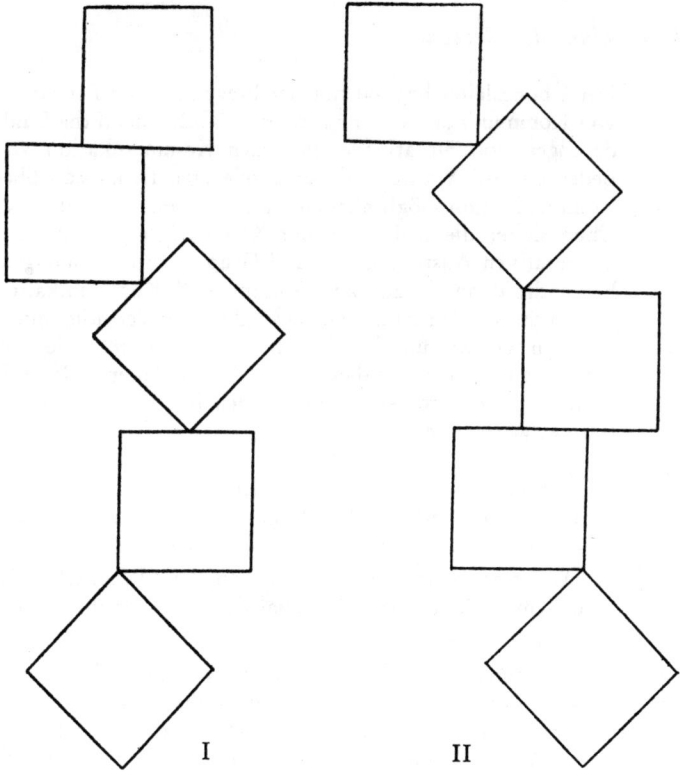

I   II

[1]) Der Aufbau dieser Übung stammt von *Harold J. Leavitt.* Managerial Psychology. Chicago Press 1958. S. 118—128.

Die Teilnehmer sollten in Front zu dem Sprecher sitzen und in Positionen, die es unmöglich machen, oder mindestens schwierig, sich gegenseitig auf das Blatt zu sehen. Das zur Demonstration ausgewählte Mitglied wendet der Gruppe zunächst den Rücken zu, oder steht hinter einem Wandschirm oder einer Wand.

Entwicklung der Methode:

Der Übungsleiter beginnt mit der Frage nach der Bedeutung von Kommunikationen. Er erfragt möglichst deutliche Schilderungen von Situationen, in denen Kommunikation von Bedeutung ist. Während dieser ausgiebigen Diskussion über Kommunikationsmöglichkeiten und -formen verbindet der Übungsleiter die Bedeutung der Kommunikation mit allen kooperativen Anstrengungen und Gruppenunternehmungen. Er macht dann darauf aufmerksam, daß Kommunikation untersucht werden kann und daß zahlreiche Versuche unternommen wurden, um den Prozeß einer guten und schlechten Kommunikation zu studieren. Der Übungsleiter sollte folgende Punkte entwickeln, unter denen Kommunikation betrachtet werden kann:

1. Kommunikation kann unter dem Aspekt des *Inhaltes* angesehen werden, zum Beispiel hinsichtlich Ort, Zeit, Personen oder Dingen.
   „Wir treffen uns um 8.00 Uhr an der Haltestelle". In diesem Fall formt der Inhalt die Verabredung, den Zeitpunkt und den Ort.
2. Kommunikation kann angesehen werden in bezug auf die *Richtung*. Es kann eine Einbahnrichtung sein, z. B. von A zu B. Es kann eine Zwei-Wege-Richtung sein, von A zu B und von B zu A. Es kann ein Netzwerk sein von A zu B, von B zu C, von C zu A. Für dieses Informationsnetz kann der Übungsleiter z. B. einen Sohn

anführen, der mit seiner Mutter spricht, die ihrerseits mit dem Vater über einen seiner Wünsche verhandelt.

3. Kommunikation kann mehr oder weniger laut sein. Es können Unterschiede der Intensität hinsichtlich der Lautstärke auftreten. (Dies sollte in der Art des Sprechens illustriert werden.) Diese Unterschiede können konstant sein, z. B. am Telefon. Es gibt jedoch auch andere Arten von störenden Zwischengeräuschen. Es wird betont, daß Wiederholung dazu verhelfen kann, eine Nachricht besser zu übermitteln, wenn gleichzeitig andere Geräusche bestehen.

Der Übungsleiter weist darauf hin, daß die Gruppe ein Experiment durchführt, um Kommunikation daraufhin zu untersuchen, wie sie von der *Richtung* her beeinflußt wird. Die Kommunikation soll dann untersucht werden auf die verbrauchte Zeit, die Genauigkeit und die Verhaltensweise. Vor Beginn der Übung wählt der Übungsleiter eine Demonstrationsperson und ein oder zwei Beobachter aus[1]).

Jedes Gruppenmitglied erhält einen Bleistift und zwei Bogen Papier. Der eine trägt die Bezeichnung Nr. I, der andere Nr. II in der oberen rechten Ecke. Der Gruppe wird mitgeteilt, daß ein Demonstrator Anweisungen geben wird, eine Serie von Quadraten zu zeichnen. Die Mitglieder sollen diese Quadrate so reproduzieren, wie ihnen dies mitgeteilt wird. Beim ersten Versuch sollen sie keine Fragen stellen und bekommen auch keine Antworten. Bei der zweiten Übung dürfen sie fragen und der Demonstrator wird ihnen soviel antworten, wie sie fordern. Was auch immer gefragt wird, er darf jedoch auf keinen Fall die Plazierung der Quadrate zeigen,

---

[1]) Die zur Demonstration ausgewählte Person sollte eines der mehr befähigten Mitglieder der Gruppe sein, das deutlich und laut genug spricht, um ausreichend gehört zu werden.

oder ihre Beziehung zueinander dadurch verdeutlichen, daß er sie mit der Hand in die Luft malt. Nur verbale Anweisungen sind erlaubt.

Der Demonstrator wird dann gebeten, nach vorne zu kommen und entweder mit seinem Rücken zur Gruppe, oder hinter einen Wandschirm gesetzt. Der Übungsleiter muß strikt darauf achten, daß die Teilnehmer die Zeichnung der Quadrate nicht sehen können, die der Demonstrator vor sich hält. Dem Demonstrator wird die erste Zeichnung mit einer Quadratfolge gegeben. Er erhält die Anweisung, diese Zeichnung sorgfältig für zwei Minuten zu studieren und sich darauf vorzubereiten, den Gruppenmitgliedern klare Instruktionen zu geben, wie sie eine gleiche Anordnung von Quadraten auf ihrem Bogen Nr. I zeichnen können.

Während der Demonstrator die Zeichnungen auf dem ersten Blatt des Musters studiert, instruiert der Übungsleiter die ausgewählten Beobachter. Der erste wird aufgefordert, das Verhalten und die Reaktionen des Demonstrators zu notieren, und sich Notizen für einen späteren Kommentar gegenüber der Gruppe zu machen. Der zweite Beobachter wird aufgefordert, das Verhalten der Gruppe, Bemerkungen, Gesichtsausdrücke, Gesten usw. zu notieren[1]).

Nachdem die Informationen und Anweisungen an die Gruppe, den Demonstrator und die Beobachter beendet sind, zeichnet der Übungsleiter folgende drei Muster an die Tafel:

---

[1]) Es ist ratsam für den Übungsleiter, vorher die Zeichnung I und II auf durchsichtigem Papier präpariert zu halten, um diese Folie dann über die Zeichnungen der Teilnehmer zum Vergleich decken zu können. Eine direkte Arbeit aus den Zeichnungen, die auf Seite 143 dargestellt sind, ist nicht ratsam.

Tabelle 1:

Versuch (Mittelwerte)	I.	II.
Verbrauchte Zeit		
Genauigkeit, geschätzt		
Genauigkeit, geprüft		

Tabelle 2:

1. Versuch		
Nr.	geschätzt,	tatsächlich
0		
1		
2		
3		
4		
5		

Tabelle 3:

2. Versuch		
Nr.	geschätzt,	tatsächlich
0		
1		
2		
3		
4		
5		

Wenn der Demonstrator bereit ist, seine Instruktionen für die erste Folge der Quadrate zu geben, wird er aufgefordert, zu beginnen. Er wird dann daran erinnert, der Gruppe so schnell, aber auch so genau als er kann mitzuteilen, was sie zeichnen soll[1]).

Wenn der Demonstrator seine Instruktionen für die Zeichnung Nr. I beendet hat, wird die verbrauchte Zeit in den entsprechenden Raum der Tabelle 1 eingetragen. Jedes Gruppenmitglied wird dann aufgefordert, auf seinem Bogen die Anzahl der Quadrate einzutragen, von denen er annimmt, daß sie im Verhältnis zu den anderen richtig gezeichnet worden sind.

Der Übungsleiter veranlaßt dann den Demonstrator, sich herumzudrehen und die Teilnehmer anzusehen. Es wird ihm jetzt die Tafel Nr. II gegeben und er wird aufgefordert, die Beziehung zwischen den Quadraten auf der zweiten Tafel für zwei Minuten zu studieren, um dann die Gruppe anzuweisen, wie die Quadrate zu zeichnen sind. Die Gruppe wird aufgefordert, nun Fragen an den Demonstrator zu stellen, er selbst erhält den Hinweis, daß er jetzt antworten kann oder seine Informationen erweitern kann, so wie er glaubt, daß es für die Herstellung richtiger Zeichnungen gut sei. Der Versuch wird dann begonnen.

Wenn der Demonstrator seine Instruktionen für die zweite Zeichnung beendet hat, wird die Zeit wiederum in den entsprechenden Raum in Tabelle 1 auf der Tafel eingetragen. Die Mitglieder der Gruppe werden nun aufgefordert, die Anzahl der vermutlich richtig gezeichneten Quadrate für Tafel I und II anzugeben. Am einfachsten geschieht dies durch Rückfrage: *„Wer glaubt, daß bei allen Teilnehmern alle fünf Quadrate in der*

---

[1]) Es wird notwendig sein, die Gruppe an dieser Stelle nochmals davor zu warnen, Fragen zu stellen. Ferner empfiehlt es sich, die Situation davor zu schützen, daß die Reaktion der Teilnehmer zu laut wird.

richtigen Stellung zueinander gezeichnet sind? Bitte
Handzeichen! Für I? Für II?"

Die Zahl der hier erfolgenden Meldungen wird dann bei
Ziffer 5 in die Spalte *»geschätzt«* der Tabelle 1 bzw. 2
eingetragen. In gleicher Weise verfährt man durch weitere Rückfragen, Handzeichen und Eintragungen bei den
Ziffern 4 — 0. Aus den hier von seiten der Teilnehmer
gegebenen Einzelwertungen kann man dann den Mittelwert der allgemeinen Schätzung aus der Gesamtzahl der
Teilnehmer errechnen. Diese Zahl, d. h. die Durchschnitts-
vermutung über die wahrscheinlich richtige Zahl der
Quadrate wird dann in Tabelle 1 unter Versuch I eingetragen. In gleicher Weise verfährt man nach der zweiten Übung mit der Tabelle 2 und 1 für die Eintragungen des Versuches II.

Nun wird den Mitgliedern das Muster der ersten Quadratfolge gezeigt und die Beziehung jedes einzelnen
Quadrates zu dem vorhergehenden wird betont.

Die Teilnehmer können nun anhand der Muster oder
der durchsichtigen Folien vergleichen, wieviel Quadrate
sie tatsächlich im ersten und zweiten Versuch richtig
nach den Angaben des Demonstrators gezeichnet haben.
Die tatsächliche Größe der Quadrate spielt dabei keine
Rolle. Entscheidend für das Kriterium richtig oder falsch
ist lediglich die Stellung der einzelnen Quadrate in ihrer
Reihenfolge und ihre Beziehung zum vorausgehenden
oder nachfolgenden Quadrat.

Jedes Quadrat muß in der genauen Beziehung zum vorhergehenden stehen, so wie es auf der Musterkarte dargestellt ist. Wenn dies von jedem Mitglied kontrolliert
ist, werden die Teilnehmer aufgefordert, die tatsächliche
Zahl der richtig zueinanderstehenden Quadrate auf ihrer
Zeichnung anzugeben. Dasselbe Verfahren gilt für die
zweite Zeichnung. Die Werte der tatsächlich richtigen
Lösungen werden ebenfalls in die Tabellen 2 und 3 eingetragen, desgleichen die Mittelwerte in die Tabelle 1.

Diskussion:

Die Ergebnisse werden hinsichtlich der verbrauchten Zeit, der Genauigkeit und der Ebene des Zutrauens, d. h. der Differenz zwischen Schätzung und Ergebnis, verglichen mit den gesammelten Daten. Der Gruppe sollte genügend Zeit zur Diskussion der Daten gegeben werden, vor allen Dingen aber zu Generalisierungen der Erfahrung. Wenn die Gruppe genügend Zeit gehabt hat, sich mit den Daten und deren Bedeutung auseinanderzusetzen, werden jetzt die Beobachter aufgefordert, über die beobachteten Reaktionen des Demonstrators und der Gruppe zu berichten. Diese Beobachtungen werden durch die Gruppenteilnehmer hinsichtlich der Verhaltensweisen und Gefühle ausführlich diskutiert. Dabei kommt es darauf an, die Beziehung zwischen diesen Beobachtungen und den vorausgegangenen Daten zu verdeutlichen.

Der Übungsleiter faßt zusammen und betont, daß Einwegkommunikationen zwar häufig schneller, aber weniger genau sind, vor allem aber, daß die Vertrauensebene des Hörers geringer ist. Gegenseitige Kommunikation nimmt zwar mehr Zeit weg. Üblicherweise ist sie für den Demonstrator störender als die Einwegkommunikation, aber sie bringt genauere Ergebnisse.

Jeder der Teilnehmer wird sicher in gewisser Weise verschiedene Reaktionen zu der Übung haben. Dies hängt von seiner vorausgegangenen Erfahrung und von seiner realen sonstigen Situation ab. Es ist aufschlußreich, die Teilnehmer dafür zu gewinnen, der Gruppe mitzuteilen, was sie selbst glauben aus dieser Erfahrung zweier verschiedener Kommunikationsformen gelernt zu haben; darüber hinaus sollte diskutiert werden, welches Verhalten sie sonst in ihrem übrigen Lebensbereich beobachtet zu haben glauben, sowohl in bezug auf sich selbst, wie auch in bezug auf die Kommunikationsformen anderer, mit denen sie umgehen.

Es kann sehr hilfreich sein, die Diskussion damit abzuschließen, wenn man die Perspektive der Teilnehmer dahingehend zusammenfaßt, wie ihre eigenen Pläne aussehen, ihr Verhalten in Kommunikationssituationen aufgrund der erlebten Erfahrung zu ändern.

4. Wahrnehmung und Übermittlung von Informationen

Ziele dabei sind:

— Die Wahrnehmung dafür soll gefördert werden, daß Informationen leicht durch die Weiterleitung von einer Person durch eine zweite zu einer dritten, und so fort, gestört werden.

— Es soll bewußt werden, daß man in der spezifischen Weise der eigenen Wahrnehmung antwortet und Wahrnehmungen sehr stark variieren, je nach dem individuellen Aspekt des einzelnen.

— Die kritische Überprüfung von Gerüchten soll stimuliert werden.

Material und Anordnung:

— Tafel und Kreide,

— Zwei Kopien der *Anleitung* (siehe S. 155).

— Zeichnung des Bildes, das zur Informationsübermittlung dient (s. S. 154).

Hinweis: Die Übung kann mit einer einzigen Kopie des Bildes durchgeführt werden, jedoch erleichtern mehrere Kopien des Bildes den Fortgang der Übung, vor allem, wenn es sich um eine große Gruppe handelt. Mit Aus-

151

nahme von fünf Teilnehmern wird eine Zuhörer- und Zuschauersituation hergestellt. Die fünf ausgewählten Teilnehmer sind von der Gruppe gesondert und sitzen auf Stühlen, die jeweils etwa einen Meter voneinander entfernt sind vor der Zuschauergruppe.

Entwicklung der Übung:

Die fünf ausgewählten Teilnehmer sitzen in einer Reihe der Gruppe gegenüber. Der erste Teilnehmer in der 5er-Gruppe erhält die Zeichnung und eine Kopie des Instruktionsbogens. Er hat drei Minuten Zeit, die Zeichnung zu studieren und die zehn Tatsachen des Instruktionsbogens sich einzuprägen. (Bemerkung: Die Zeichnung ist so hergestellt, daß man sie sowohl als das Bild eines jungen Mädchens, wie auch das einer alten Dame wahrnehmen kann.)

Wenn das Zeichen gegeben wird, gibt der erste Teilnehmer die Instruktion und die Zeichnung an den Übungsleiter zurück und wird veranlaßt, dem ihm zunächst sitzenden Teilnehmer sich zuzuwenden, das Bild zu beschreiben und die Punkte anzugeben, die er sich gemerkt hat und die er erinnern sollte.

Dabei darf der zweite Teilnehmer fragen. Die Unterhaltung muß flüsternd geführt werden, so daß der dritte Teilnehmer in der Reihe sie nicht hören kann. Wenn der erste Teilnehmer die Zeichnung beschrieben hat, und die 10 Punkte, oder welche Anzahl er jeweils erinnert, dem zweiten Teilnehmer mitgeteilt hat, wird der zweite aufgefordert, genauso flüsternd die Einzelheiten an den dritten weiterzugeben. Dies geschieht so lange, bis die Beschreibung beim fünften Teilnehmer angekommen ist. Alle Teilnehmer sollen sich darum bemühen, möglichst genaue Informationen zu übermitteln.

Die fünfte Person wird dann aufgefordert, der Gruppe

eine Beschreibung des Bildes zu geben. Die einzelnen Punkte, die der letzte Teilnehmer angibt, werden auf der Tafel notiert. Hinter der letzten Angabe wird eine Linie gezogen. Wenn der fünfte Teilnehmer seinen Bericht beendet hat, wird der vierte Teilnehmer aufgefordert, die Punkte zu ergänzen. Dann wird die Zeichnung der Gesamtgruppe gezeigt und die 10 Informationspunkte des Instruktionsbogens werden der Gesamtgruppe vorgelesen.

Wenn die Frage des Alters und die doppelte Stimulation des Bildes nicht herausgekommen ist, muß der Übungsleiter die Gruppe nach dem Alter fragen. Die Gruppe soll darüber abstimmen, ob es sich um ein junges Mädchen, oder um eine alte Dame handelt. Der Übungsleiter ermutigt die Teilnehmer dann, zu beschreiben, was sie sehen und warum sie annehmen, daß das Bild ein junges Mädchen· oder eine alte Dame darstellt. Dies geschieht so lange, bis die Teilnehmer realisieren, daß beide Wahrnehmungen möglich sind, da real vom Gesicht nichts zu sehen ist.

Original von *W. E. Hill*, 1905. Als psychologischer Test zuerst benutzt von *E. G. Boring:* A new ambiguous figure. Am. Journal of Psychology, 1930, S. 444.

Anleitung:

Betrachten Sie das Bild der Dame genau. Merken Sie sich die untenstehenden Punkte. Sie haben drei Minuten Zeit für alle Details. Nach drei Minuten sollen Sie die wichtigsten Punkte des Bildes Ihrem Nachbarn mitteilen.

1. Es ist das Bild einer Dame.
2. Sie hat eine Feder im Haar.
3. Es ist ein Tuch auf dem Kopf.
4. Sie hat einen Pelz um den Nacken.
5. Die Feder im Haar ist gebogen.
6. Die Farbe des Pelzes ist der Haarfarbe gleich.
7. Das Tuch auf dem Kopf hat Falten und ist nicht glatt.
8. Das Kopftuch deckt nicht den Vorderteil der Haare.
9. Das Haar erscheint so, als sei es sehr dunkel.
10. Das Alter der Dame ist etwa . . .

(bitte raten Sie!)

Diskussion:

Eine allgemeine Diskussion wird vom Übungsleiter angeregt, der die Ziele dieser Übung als seine Leitlinie benutzt. Die Teilnehmer sollten ermutigt werden, darüber zu diskutieren, welche Bedeutung die Übung für sie hat und welche Zusammenhänge in dieser Erfahrung für ihre Arbeit und Situation zu Hause sich ihnen ergeben haben.

Am Ende der Diskussion sollte der Übungsleiter zusammenfassen, und folgende Punkte verdeutlichen:

— Individuen reagieren auf die gleichen Reize mit verschiedenen Antworten. Die persönliche Vorgeschichte und die psychische Situation spielen eine entscheidende Rolle in der Beeinflussung einer Wahrnehmung von sozialen Situationen, ihrer Art und ihrer Qualität.

— Informationen können sehr leicht in der Weitergabe von einer Person zur anderen gestört und entstellt werden.

Dabei spielt die Wahrnehmung des Mitteilenden dessen, was er versucht mitzuteilen und seine Fähigkeit zur Mitteilung eine Rolle.

— Die Bereitschaft des Zuhörers beeinflußt die Übermittlung einer Information und die Verhaltensweise und Einstellung gegenüber ihrem Inhalt.

Arbeitet man insbesondere die Entstellungen und deren Ursachen beim einzelnen Teilnehmer in der Diskussion und bei der Befragung schärfer heraus, so wird meist deutlich, daß die Schuld für Entstellungen mehr dem Übermittelnden als dem Empfänger zugeschrieben wird. Dieses Ergebnis kann in doppelter Weise Anwendung finden. Man wird einerseits die Gruppenteilnehmer dazu veranlassen, sich selbst die Frage zu stellen, wieweit ähnliche Mißverständnisse, Schuldverschiebungen oder Differenzen in ihren gewohnten Gruppen innerhalb der Familie und im Beruf auftauchen, deren Ursachen und Zusammenhänge sie nun kritischer — auch selbstkritischer — nachgehen können. Andererseits wird man die Frage aufwerfen, wieweit ähnliche Probleme etwa bei der Vermittlung von Informationen hier und jetzt in dieser Lern- und Arbeitsgruppe aufgetaucht sind und wo die Ursachen dafür liegen könnten. Auf diesem Wege ist es dann möglich, genügend Informationen über die Wirkungen des eigenen Lehrstils zu bekommen, zugleich aber auch die spezifischen Widerstände kennenzulernen, die sich sowohl gegen den Stoff, wie gegen die lehrende Person richten können. Gewiß wird manchem Leser diese Erfahrung selbstverständlich sein. Dennoch scheint die dem Menschen innewohnende Tendenz zur Selbsttäuschung umso stärker wirksam zu werden, je mehr idealisierte Vorstellungen perfekten Verhaltens entstehen. An diesem Punkt wird jedoch nicht nur bewußt gemacht, wie schwierig es ist, Informationen richtig weiterzugeben, sondern die in der Kommunikationsübung erlebte Einschränkung der eigenen Wahrnehmung durch unbewußte Voreinstellungen und Vorwegnahmen wird hier auch für den Empfang einer Information verdeutlicht. Optimistische Selbsttäuschungen und Erwartungen eines möglichen Verständnisses für eigene

Mitteilungen werden auf diese Weise an der Realität korrigiert. Die tatsächliche Schwierigkeit einer solchen Aufgabe wird eher sichtbar.

5. Sprechen und Zuhören

Nachfolgend wird eine Methode beschrieben, mit der die Wahrnehmung für Vorgänge in der »Kommunikation« geschärft und eingeübt wird:

Die Übung bezieht sich wesentlich darauf, an der Realität zu lernen, wie man einerseits sich präzise ausdrückt, andererseits aber auch genau zuhört.

Zweck dieser Übung:

— Die Teilnehmer sollen einüben, anderen genau zuzuhören, um an dem Gehörten ihre eigene Zusammenfassung kontrollieren zu können.

— Die Teilnehmer sollen einüben, sich selbst genau auszudrücken.

— Das Verständnis für die Komplexität und die Schwierigkeiten, die mit jeder Kommunikation schlechthin verbunden sind, soll erweitert werden.

Material und Aufbau:

— Tafel und Kreide.

— Bequeme Sitzmöglichkeiten in einem ausreichend großen Raum, der es ermöglicht, durch Verschiebung der Stühle Dreiergruppen zu bilden.

157

Praktisches Vorgehen:

Der Leiter beginnt eine Diskussion über die Probleme des Verstehens anderer und des Verstandenwerdens durch andere. Es empfiehlt sich, hierzu ein lebensnahes, dringliches Alltagsthema zu wählen. Zwei Mitglieder der Gesamtgruppe werden zunächst zur Demonstration aufgrund ihrer freiwilligen Meldung ausgewählt. Sie sollen sich in eine offene Diskussion über das Thema begeben. Die Bedingung der Übung ist jedoch, daß jeder eine den anderen jeweils befriedigende Zusammenfassung des Gehörten gibt, bevor er antwortet. Nach einer kurzen Analyse dieser Demonstration wird die restliche Gruppe in Untergruppen von je drei Mitgliedern aufgeteilt. In jeder Gruppe dient ein Mitglied als Beobachter, während die beiden anderen die Übung durchführen. Diese Rollen werden so lange gewechselt, bis jedes Mitglied in der Beobachterrolle war. Nach Beendigung der Übung beginnt eine allgemeine Diskussion und Auswertung der Beobachtungen.

Entwicklung der Methode

Der Leiter beginnt die Auswertung mit einem Hinweis auf den zu bearbeitenden Bereich und fragt nach Vorschlägen, welche Art von Problemen es für zwei Menschen schwierig machen, einander in einer Unterhaltung ausreichend zu verstehen. Dazu führt er einige Vorschläge auf, etwa:

— Ungenaue Ausdrucksweise.

— Beide Partner sprechen nicht über das gleiche, verschiedenes wird gemeint.

— Es wird nicht alles gehört, was gesagt wurde.

— Es wird versucht, in einer Aussage zuviel zu sagen, so daß sie verwirrend wirkt.

Einige der häufigsten Fehler sollten in der folgenden Diskussion erarbeitet werden:

a) Auf der Seite des Sprechenden:

— Organisiert seine Gedanken nicht, bevor er spricht.
— Bringt zu viele Ideen in seine Äußerungen ein, oft untereinander nicht verbunden, so daß eine Zusammenfassung für den Partner schwierig wird.
— Bestimmte Punkte der Antwort des vorausgehenden Sprechers werden übersehen. Es wird daher nicht aktuell zu dem geantwortet, was zuvor gesagt wurde.

b) Auf der Seite des Zuhörers:

— Hat keine ungeteilte Aufmerksamkeit.
— Denkt an seine Antwort, statt aufmerksam zuzuhören.
— Neigt dazu, eher auf Details zu hören, als auf die wesentlichen Mitteilungen.

Obgleich es sich um ein sehr einfaches, fast selbstverständliches Modell handelt, ist mit der Übung unweigerlich für das einzelne Mitglied die reale Erfahrung verbunden, daß Verstehen oder Verstandenwerden keinesfalls so selbstverständlich sind, wie dies zuvor naiverweise angenommen wurde. Die Bearbeitung der in diesem Prozeß aufkommenden Gefühle bleibt Sache des einzelnen. Diese Erfahrung macht jedoch sensibler gegenüber den Möglichkeiten des Mißverstehens, Mißhörens und Mißverstandenwerdens innerhalb einer größeren Gruppe, nachdem sich die Zweierbeziehung unter der Wahrnehmung des dritten Beobachters als durchaus anfällig erweist, der Beobachter also eine positive Hilfsfunktion hat.

Auch hier wird eine Sensibilisierung des Bewußtseins dafür angestrebt, wie leicht zunächst von dem unbewußten Vorurteil ausgegangen wird, die eigene Psychologie sei jeweils auch stets die der anderen. Wendet man die Methode im Laufe der Zeit zum

Beispiel im letzten Viertel der zur Verfügung stehenden Zeit in einer Arbeitsgruppe an, so hat man zugleich eine ausreichend objektive Kontrolle dafür, was tatsächlich wahrgenommen und so verstanden wurde, daß es nun in eigener Formulierung wiederholt werden kann. Zugleich wird der autoritäre und oft kränkende Weg des »Abfragens« vermieden, der in den meisten Erwachsenen allzu sehr unliebsame Erinnerungen der Schulzeit mobilisiert. Die einzelnen Dreiergruppen, die allerdings nach einiger Zeit gewechselt werden sollten, fühlen sich dann in größerem Ausmaß selbst verantwortlich für die Stoffkontrolle. Der einzelne Teilnehmer muß die passive Haltung der üblichen Einbahnkommunikation von dozieren und zuhören aufgeben, entdeckt aber dabei auch, wie wenig er unter Umständen selbst wahrgenommen hat, ohne gegenüber der Gruppe durch Abfragen auf peinliche Weise exponiert zu werden.

Die zunächst kaum bemerkte, soziale und psychologische Nebenwirkung dieser Methode besteht in einer wachsenden Kohäsion der Gruppenmitglieder durch die zunehmende Toleranz für eigene und fremde Fehler, Versagen und Mißverständnisse. Der jeder mitmenschlichen Beziehung so außerordentlich abträgliche Perfektionszwang und die Idealisierungen werden gleichsam nebenbei abgebaut.

6. Dimensionen der Kooperation

Ziel dieser Übung ist es, die verschiedenen Verhaltensweisen kennenzulernen, die dann auftauchen, wenn Mitglieder einer Gruppe gemeinsam ein Problem lösen müssen, ohne sich gegenseitig dabei dominieren zu können. Zugleich sollen die Teilnehmer am Versuch gegenüber ihren eigenen Verhaltensweisen sensibilisiert werden, durch die sie unbewußt und ohne es selbst zunächst wahrnehmen zu können, die Lösung eines Gruppenproblems behindern oder fördern.

Material und Vorbereitung:[1])

Tafel, Kreide, mehrere Tische, an denen jeweils fünf Teilnehmer und ein Beobachter sitzen können. Ein Satz vorbereiteter Quadratteile, wie in der nachfolgenden Zeichnung angegeben.

Ein Tisch wird zunächst für die Demonstration mit einer Fünfergruppe gebraucht, dies empfiehlt sich jedoch nur dann, wenn die Gruppe nicht mehr als 8 — 9 Teilnehmer hat. Hat man eine größere Anzahl von Teilnehmern, so braucht man mehrere Sätze der Quadratteile in entsprechenden Umschlägen vorbereiten. Diese sollen, je nach der Anzahl der Gesamtteilnehmer bereits auf mehrere, vorbereitete Fünfertische verteilt sein. Dabei sollte an jedem Tisch ein weiteres, an der Übung nicht beteiligtes Mitglied als Beobachter tätig sein. Der Beobachter achtet sowohl auf die Einhaltung der Regeln wie auf die Reaktionen, das Verhalten und spontane Äußerungen der fünf an der Übung Beteiligten.

Entwicklung der Methode:

Es wird zunächst allgemein nach der Bedeutung des Wortes Kooperation bzw. Zusammenarbeit gefragt. Die Teilnehmer werden gebeten, Situationen zu schildern, die kooperative Bemühungen erfordern. Praktisch konkrete Beispiele und Vorgänge aus den Organisationen des täglichen Lebens können dies veranschaulichen (z. B. Bau eines Krankenhauses, Organisation der Abteilung eines Betriebes, Parlamentsausschüsse oder Beispiele aus dem alltäglichen Leben der Teilnehmer selbst, die diese bringen.)

[1]) Die Ausarbeitung dieser Übung basiert auf einem Experiment: Zitiert nach *D. Oartwright* und *A. Zander,* von *A. Bavelas:* Communication Patterns in Task-Oriented Groups. In: Research and Theory of Group Dynamics. New York 1960, S. 679.

Aus dieser Diskussion sollten dann, unabhängig von allen abstrakten Begriffen, die genannt und die an der Tafel notiert werden, jene Vorbedingungen und Verhaltensweisen herauskristallisiert werden, die unerläßliche Voraussetzungen für eine Kooperation sind. Z. B.:

— Kenntnis des zu lösenden Problems,
— Notwendigkeit zu wissen, wie der einzelne zur Lösung des Problems beitragen kann,
— Notwendigkeit, sich der möglichen Beiträge anderer zur Lösung bewußt zu werden,
— Notwendigkeit, die individuellen Probleme eines anderen wahrzunehmen, die es erforderlich machen, ihm zunächst zu helfen, bevor er selbst zur Problemlösung beitragen kann[3]).

Wenn in genügendem Umfang von seiten der Gruppenteilnehmer die theoretischen Voraussetzungen der Kooperation diskutiert sind, schlägt man vor, in einem Versuch die Richtigkeit dieser Ideen zu testen. Alle Teilnehmer nehmen nun in Fünfergruppen an den vorbereiteten Tischen Platz. Der Gesamtgruppe werden jetzt sorgfältig die Regeln vorgelesen. Anschließend werden die auftauchenden Fragen zu diesen Regeln beantwortet. (Es empfiehlt sich, für jeden Tisch diese Regeln gleichzeitig gesondert auf einer Karte in Maschinenschrift bereitzuhalten und entweder dem Beobachter auszuhändigen, oder wenn kein Beobachter eingeteilt werden kann, sie jeweils auf dem einzelnen Tisch zu deponieren. Jetzt

[3]) Im allgemeinen werden zahlreiche abstrakte Begriffe von der Gruppe vorgebracht, z. B. Toleranz, Hilfsbereitschaft usw. Es kommt darauf an, möglichst an Beispielen, soweit mit der Gruppe zu diskutieren, daß die vorgenannten Punkte einleuchtend an der Tafel notiert werden können, und zwar als summarisches Ergebnis der zuvor genannten abstrakten Begriffe.

wird ein Mitglied aufgefordert, den großen Umschlag zu öffnen und den anderen Teilnehmern je einen verschlossenen Umschlag (A — E) zu übergeben. Man versichert sich nochmals, daß die Regeln verstanden wurden, läßt sie von einem der Teilnehmer unter Umständen noch einmal wiederholen, auch von einem Beobachter und gibt dann das Zeichen zum Beginn.

Man sollte dann die Vorgänge an den Tischen sehr sorgfältig beobachten und Daten für die nachfolgende Diskussion sammeln. Dabei erweist es sich auch als notwendig, gelegentlich auf Regelverstöße, die spontan eintreten, hinzuweisen. Dies sollte jedoch nicht mit einem tadelnden oder moralisierenden Hinweis geschehen, sondern mehr nebenbei, da es im allgemeinen von den Teilnehmern gar nicht bemerkt wird. Besonders in der Endphase der Übung werden die Regeln meist vergessen, weil der eintretende Affektdruck umso höher wird, je mehr Fünfergruppen bzw. Teilnehmer bereits mit der Übung zu Ende sind.

Die Regeln lauten:

In dem großen Umschlag sind fünf Umschläge. Jeder enthält verschieden geformte Pappteile, um daraus Quadrate zu bilden. Die Aufgabe jeder Gruppe ist es, wenn das Startzeichen gegeben wird, fünf Quadrate von genau gleicher Größe herzustellen. Die Aufgabe ist nicht eher beendet, bis jedes Mitglied ein vollständiges Quadrat, von genau gleicher Größe wie alle anderen vor sich liegen hat.

Während der Übung ist folgendes nicht erlaubt:

1. Kein Mitglied darf sprechen.
2. Kein Mitglied darf ein anderes um ein Teilstück bitten oder in irgendeiner Weise signalisieren, daß es ein

bestimmtes Teilstück braucht, das ihm ein anderer geben soll.

3. Jedes Mitglied kann, wenn es will, Teilstücke in die Mitte des Tisches legen, oder an ein anderes Mitglied geben, jedoch darf niemand direkt in die Figur eines anderen eingreifen[1]).

Hinweise zur Vorbereitung der Quadratteile:

Man benötigt fünf größere Umschläge (Format DIN A 4) zur Vorbereitung, sind ferner fünf Quadrate aus nicht zu starker Pappe von genau gleichem Format erforderlich. Um den erforderlichen Fünfersatz vorzubereiten, schneidet man sich fünf Pappquadrate von etwa 10 auf 10 oder 15 auf 15 cm aus. Diese legt man in eine Reihe und zeichnet die Einteilung so wie unten angegeben ein, die einzelnen Teile werden mit dem kleinen Buchstaben a, b, c usw., wie in der Figur gezeigt, deutlich markiert, jedoch so, daß dies notfalls später ausradiert werden

[1]) Es empfiehlt sich, bei größeren Schwierigkeiten, jedoch erst später während der Übung, nicht am Anfang eine kurze Unterbrechung für die Tische, die etwa in die Situation kommen, mit der Aufgabe nicht fertig zu werden, während andere bereits längere Zeit abgeschlossen haben. Hierbei sollte ein Vergleich mit den Kompetenzbereichen einer Administration angeboten werden, bei der alle beteiligten Dienststellen einen gemeinsamen Etat, jedoch gleichzeitig völlige Eigenständigkeit haben, so daß eine Kooperation notwendig ist, um aus einer einzigen Finanzquelle zwar im einzelnen verschieden große, im Endresultat jedoch gleiche Summen zu entnehmen. Man darf sich auch nicht wundern, wenn gelegentlich an einzelnen Tischen vorwurfsvoll die Frage oder der Zweifel laut wird, man habe die Umschläge oder die Quadrate falsch verteilt, die Aufgabe ließe sich nicht lösen. Aus diesem Grunde empfiehlt es sich auch im allgemeinen, die Vorsortierung der einzelnen Quadratteile in die Umschläge entweder selbst vorzunehmen, oder vor der Übung nochmals genau zu kontrollieren.

kann. (Wenn man die Buchstaben auf den Quadraten stehen läßt, führt dies zu unnötigen Irritationen beim Zusammensetzen, da von den Gruppenteilnehmern zunächst vermutet wird, ähnliche gehörten zusammen. Dies stellt eine unnötige Erschwernis der Übung dar.)

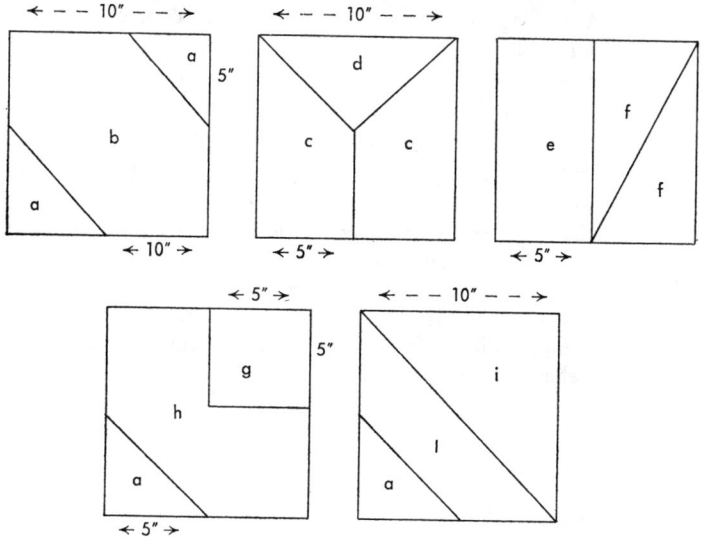

Die Linien müssen so gezogen werden, daß die ausgeschnittenen Stücke, z. B. alle Einzelteilstücke die ein a tragen, exakt das gleiche Format haben müssen, das gleiche gilt für die Stücke mit der Bezeichnung c usw. Die Kombination ist deshalb so ausgewählt, weil dadurch die Möglichkeit gegeben ist, ein oder zwei Quadrate zu formen, und zwar von einem kleineren Format. Aber nur in einer einzigen Kombinationsform ist es möglich, daß fünf gleiche Quadrate von gleichem Ausmaß geformt werden können. Wenn die Teilstücke der Qua-

drate genau gezeichnet sind, bezeichnet man die fünf
Umschläge mit den Großbuchstaben A, B, C, D, E. Die
Teilstücke der Quadrate werden nun wie folgt in die
fünf Umschläge verteilt:

Umschlag A	hat folgende Stücke:	i, h, e
Umschlag B		a, a, a, c
Umschlag C		a,. j,
Umschlag D		d, f,
Umschlag E		g, b, f, c

(Wenn man sich die Arbeit erleichtern will, kann man
nun die vorherigen Kleinbuchstaben von den Teilstücken
der Quadrate entfernen und jeweils die Großbuchstaben
des betreffenden Umschlages auf jedem Teil vermerken.
Dies erleichtert es, die Teilstücke in den richtigen Umschlag für spätere Übungen einzusortieren, wenn die
Gruppe die Aufgabe bendet hat, kann aber die Teilnehmer irritieren).

Diskussion des Problems:

Im allgemeinen mobilisiert diese Übung so viel Interesse und lebhafte Affekte, daß die Diskussion sich von
alleine trägt. Deshalb sollte man auch genügend Zeit für
die spontan aufbrechende interne Debatte an den einzelnen Tischen lassen, bevor eine allgemeine Aussprache
eingeleitet wird. Diese sollte über die Beobachtungen
und Erfahrungsbeschreibungen hinausgehen. Vor allem
sollten folgende Fragen diskutiert werden:

— Wie fühlt man sich, wenn ein Mitglied ein wichtiges
   Teilstück als Schlüssel zur Lösung festhält, ohne

selbst die Lösung sehen zu können? Welche Gefühle sind aufgetaucht, als irgend jemand aus der Gruppe sein Quadrat, wenn auch in unrichtiger Form fertig hatte, und sich mit selbstzufriedenem Lächeln zurücksetzte?

— Was dachten die anderen Mitglieder über die Gefühle des Selbstzufriedenen?

— Wie hat er selbst sich dabei gefühlt?

— Was empfanden die Mitglieder gegenüber dem nicht so schnell die Lösungsmöglichkeit Erfassenden? Wollten sie ihn lieber hinauswerfen oder ihm helfen?

Wenn diese Diskussion im Gang ist und dabei die Gefühle deutlicher herausgekommen sind, was durch eine gewisse humorvolle Ermutigung erleichtert wird, empfiehlt sich die vorsichtige Rückfrage, wieweit ähnliche Gefühle und Erlebnisse mit den Erfahrungen und Beobachtungen in der täglichen Arbeit der einzelnen Teilnehmer übereinstimmen. Am Ende der Diskussion sollte jedoch unbedingt noch einmal zu den vorher an der Tafel notierten Punkten zurückgegangen werden. Auf diese Weise können die zuvor rein theoretisch gebliebenen Aspekte mit der emotionalen, aktuellen Erfahrung und mit den Erwartungen und Einstellungen der täglichen Arbeit verbunden werden.

Auch hier ist nur eine indirekte Wirkung für die Ziele einer Lern- und Arbeitsgruppe zu erwarten. Man muß jedoch damit rechnen, daß Wahrnehmung und Konfrontation mit eigenem Fehlverhalten gerade bei dieser so spielerisch erscheinenden Übung außerordentlich wirksam sind. So zeigte sich zum Beispiel eine deutliche, affektive Beunruhigung bei einer Reihe von jungen Theologen, die in der Theorie eine sehr ideale Gesinnung und Meinung zu Problemen der Kooperation entwickelt hatten. Als sie in der Realität die unbewußt motivierten, tatsächlichen eigenen Verhaltensweisen wahrnehmen mußten, erschien ihnen die Diskrepanz zwischen der vorherigen Theorie und dem tatsächlichen Erlebnis außerordentlich beunruhigend.

Es wäre hier noch dem möglichen Vorwurf einer Manipulation zu begegnen. Anordnung, Verlauf und Folgen dieses Versuches sind tausendfach in den verschiedensten Ländern erprobt worden. Die Wirkung beruht auf den Gegebenheiten der menschlichen Entwicklung und Erfahrung. Jedoch bietet der Versuch eine Möglichkeit zu einer Selbstreflexion, bei der jede Verleugnungstendenz durch die Zeugenschaft der anderen Teilnehmer verhindert wird. Das ist normalerweise stets in einer menschlichen Gruppe der Fall, jedoch erscheint der Vorgang in einem überschaubaren Versuch ungefährlicher und korrekturfähiger, während das gleiche Verhalten in einer konkreten sozialen Situation weitaus mehr Komplikationen, Abwehrhaltungen und Affekte mobilisieren würde, die dann nicht mehr ohne weiteres reflexionsfähig sind, weil sie eine Verdrängung erzwingen.

Eine wichtige Voraussetzung für einen erfolgreichen Verlauf ist die Vermeidung jeder Überlegenheitshaltung oder moralisierender Hinweise von seiten des Leiters. Die Übung ist in ihrem affektiven und reflektierenden Erleben für den einzelnen Teilnehmer ohnehin so selbstevident, daß jede unnötige Betonung eher den Widerstand gegen die für manchen Teilnehmer schmerzliche Selbsteinsicht verstärkt.

Diese, im letzten Teil beschriebenen Übungsmöglichkeiten der Gruppendynamik stellen nur einen kurzen Ausschnitt sehr umfangreicher, anderer Verfahren dar. Diese Beschränkung muß vor allem deshalb erfolgen, um jedem möglichen Dilletantismus vorzubeugen, der sich auf diesem Gebiet auch in Deutschland vor allem deshalb zu entwickeln beginnt, weil die rechtzeitige Vorsorge für eine fachlich ausreichende Ausbildung auf diesem Gebiet versäumt wurde. Die hier gegebene Einführung und die wenigen Versuche stellen jedoch eine Möglichkeit dar, gerade in der Erwachsenenbildung methodisch neue Wege zu entwickeln, um von der einseitigen und oft autoritär mißbrauchten Einbahnkommunikation des dozierenden Unterrichtens wegzukommen, dessen psychologische Frustrationswirkung außer Zweifel steht, wenn es das einzige Lernangebot darstellt..

Die Gruppendynamik hat in den angelsächsischen Ländern, aber auch bei unseren europäischen, westlichen Nachbarn einen langen Entwicklungsweg hinter sich. Industrie, Administration und Erwachsenenbildung haben die neuen Möglichkeiten der Bewußtseinsschärfung erkannt. Psychologen, Soziologen, Pädagogen und Psychiater entwickeln in sehr intensiver, interdisziplinärer Zusammenarbeit einen Bildungsweg, der nicht nur auf die Assimilation eines reinen Faktenwissens hinausläuft, sondern zugleich jene Affektbildung mit zu berücksichtigen versucht, die letztlich über die Gesinnungen und die Moral entscheidet, aus denen heraus Wissen angewandt wird. Der Mensch unserer Epoche ist durch eine größere soziale Isolation, durch die Austauschbarkeit seiner anonymen, apersonalen Funktionen in der Industriegesellschaft stärker auf den Mitmenschen und seine personalen Beziehungen angewiesen. Das macht ihn vielleicht sehr viel anlehnungsbedürtiger, als er in anderen Epochen war. Die technisch zivilisierte Gesellschaft frustriert diesen Anlehnungswunsch jedoch so weitgehend, daß Ratlosigkeit und Verlorenheit den Mangel an ausreichenden Objektbeziehungen ebenso widerspiegeln, wie die Fluchtwege in die Sucht, die Regression in den objektlosen Zustand und die aus Enttäuschung wachsenden, aggressiven Rachebedürfnisse, die eine zunehmende soziale Anomie kennzeichnen. Es bleibt uns keine andere Wahl, als dem einzelnen ein neues Bewußtsein seiner selbst zu vermitteln, indem er sich selbst weniger idealisiert, aber damit auch die eigene und fremde Wirklichkeit ehrlicher wahrzunehmen und zu ertragen vermag.

Wenn die Erwachsenenbildung in ihrer Suchbewegung, wie sie A. Mitscherlich als grundsätzliches Phänomen jedes Bildungsbestrebens beschrieben hat, gewiß gegen viele Widerstände diesen schwierigen Weg zu gehen versucht, so bedarf es großer Nüchternheit hinsichtlich der Erwartungen. Änderungen der Bewußtseinslage lassen sich stets nur sehr langsam gegen heftigen Widerstand verwirklichen, der einfach durch die freigesetzte Angst bedingt ist. Sie ist das Ergebnis der Konflikte des einzelnen, aber es erscheint für die Gesellschaft erstrebenswerter und heilsamer, wenn die hinter dieser Angst stehenden, aggressiven und libidinösen, aufgestauten Triebbedürfnisse nicht einfach unterdrückt werden. Sie würden aus dieser Verdrängung nur unverändert primitiv wiederkehren, wenn wir nicht Wege finden, ihre vitalen Kräfte so sinnvoll zu entfalten, daß für den einzelnen, wie für die Gesellschaft daraus in gleichem Maße Befriedigung entstehen kann. Ermutigend bei diesem Versuch mag die Tatsache wirken, daß die Vergangenheit in den letzten 30 Jahren deutliche Beweise dafür erbracht hat, wie sehr die Methoden der Gruppendynamik tatsächlich allmählich Änderungen der Bewußtseinslage und des Verhaltens beim einzelnen und bei ganzen Gruppen der Gesellschaft herbeiführten. Es wäre ein Mißverständnis, nur der Erwachsenenbildung allein diese Aufgabe zuschieben zu wollen. Andere Länder haben uns die Erfahrung voraus, was sich tatsächlich ändert, wenn Erwachsenenbildung im weitesten Sinne, nämlich Bewußtseinserweiterung der Allgemeinheit zu einer Kooperation von Wirtschaft, Industrie, Staat, Wissenschaft, Gewerkschaften, Kirchen und Schulen führt. In diesem Sinne soll das Buch lediglich anregen, die Erscheinungen unseres täglichen Lebens neu zu durchdenken, anders zu erleben und dann vielleicht, eines fernen Tages auch anders zu handeln, als die psycho-physiologischen Atavismen der Neanderthaler-Epoche unsere Triebe in Jahrtausenden vorgebahnt haben. Das kann nur die praktische Vernunft erreichen, — eine späte Errungenschaft der menschlichen Entwicklung.

NACHWORT DES VERFASSERS

Die Konstruktionen und Gedanken dieser Arbeit sind aus einer 20jährigen Beobachtung der Erwachsenenbildung in der Praxis entstanden, bei der sowohl die Teilnahme als Hörer, wie als Dozent ein zunächst undefinierbares Unbehagen aufkommen ließ. Beim genaueren Studium der Methoden, die in der Erwachsenenbildung anderer Länder angewandt wurden, machte sich ein grundsätzlicher Unterschied bemerkbar, der sich im Laufe der Zeit schärfer abgrenzen ließ. Wesentlich beigetragen zu dieser Grunderkenntnis haben die Ausführungen *Alexander Mitscherlich's* auf dem Deutschen Volkshochschultag 1961 „Zur Revision der Vorurteile". Durch diese kritische Betrachtung wurden vor allen Dingen die Kommunikationsweisen der Erwachsenenbildung in der Bundesrepublik in ein neues Licht gerückt. Deshalb ist dieses Buch *Alexander Mitscherlich* zum 60. Geburtstag gewidmet.

Bei der Durcharbeitung der Einzelprobleme verdanke ich vielen Kollegen und Wissenschaftlern entscheidende Einsichten. Mein Dank gilt vor allem meinem akademischen Lehrer *Willi Hoffer,* London, dessen 1923 erschienene erste Arbeit über Gruppenprobleme bei Kindern in der Zusammenarbeit mit *Siegfried Bernfeld* die Fortführung eines wissenschaftlichen Denkansatzes ermöglichten, der bei *Freud* 1920 mit großer Klarheit als ein noch zu lösendes Problem definiert ist.

Für die Diskussion und Durcharbeitung bestimmter Einzelprobleme bin ich den Kollegen des angelsächsischen Bereiches zu Dank verpflichtet, insbesondere *Erik Trist, Harold Bridger, Pierre Turquet* und *Kenneth Rice-Donald Nylen, Kenneth Benne, Warren B. Bennis, Matthew Miles* und den Kollegen des Europäischen Instituts für transnationale Erforschung von Gruppen- und Organisationsproblemen bin ich für viele Hinweise in der praktischen Erfahrung dankbar.

Dieses Buch wäre ohne die vorausgegangenen Erfahrungen in den ersten gruppendynamischen Seminaren mit Volkshochschuldozenten im Mai 1963, denen dann das von *Prof. Horkheimer* im Herbst des gleichen Jahres in Schliersee initiierte erste Lehrerseminar folgte, nicht zustande gekommen. Mein Dank gilt auch den Kollegen des Sigmund-Freud-Institutes, mit denen ich die daraus entstehende Kritik an der Methode auf Grund ihrer eigenen Erfahrung in der psycho-analytischen Gruppenarbeit diskutieren konnte.

Danken möchte ich auch den Mitarbeiterinnen meines Sekretariats, insbesondere Frau Gisela Baumann für die Herstellung des Manuskriptes.

Die vorliegende Arbeit stellt einen Versuch dar, die angewandten Methoden der in Deutschland weitgehend unbekannt gebliebenen Psychoanalyse mit den Erfahrungen der Sozialwissenschaften und der Pädagogik auf sinnvolle Weise zu verbinden. Es wäre zu wünschen, daß die gegenüber anderen Ländern bestehenden Versäumnisse und Rückstände in der Bundesrepublik bald aufgeholt würden.

Tobias Brocher

THEORIE UND PRAXIS DER ERWACHSENENBILDUNG
Westermann Taschenbücher

Mit dieser Sammlung werden Grundfragen der Erwachsenenbildung angesprochen, didaktisch-methodische Vorstellungen für verschiedene Sachgebiete entwickelt und Anregungen sowie Arbeitsunterlagen für die Praxis vorgelegt. Die Sammlung wendet sich an alle Lehrenden und Forschenden, denen die Bedeutung der Erwachsenenbildung bewußt ist oder bewußt werden sollte.

H.Th. Jüchter
Programmierte Erwachsenenbildung
Informationen und Entwürfe zur Pädagogischen Technologie
1970, 189 S., DM 7,80

W. Schulenberg u.a.
Zur Professionalisierung der Erwachsenenbildung
1972, 219 S., DM 7,80

Horst Siebert,
Herbert Gerl
Lehr- und Lernverhalten bei Erwachsenen
1975, 232 S., DM 8,80

Horst Siebert
Curricula für die Erwachsenenbildung
1974, 242 S., DM 8,80

W. Spies, H. Bruns,
K. Schick
Verschulung oder Befreiung
Beiträge zu einer abschlußbezogenen Weiterbildung
1973, 197 S., DM 7,80

H. Tietgens
Lernen mit Erwachsenen
Von den Arbeitsweisen der Erwachsenenbildung
1967, 273 S., DM 8,80

H. Tietgens,
J. Weinberg
Erwachsene im Feld des Lehrens und Lernens
1971, 284 S., DM 9,80